園における3歳児積み木場面の検討

宮田 まり子 著

風 間 書 房

目　　次

第Ⅰ部　問題と目的·· 1

第1章　園における相互行為の構造と過程···················· 6

  1-1.　積み木と幼児の発達に関する先行研究······················ 6

    1-1-1.　積み木場面における行為と形状に関する研究············ 6

    1-1-2.　積み木を媒介とする相互行為について検討された研究········ 9

    1-1-3.　3歳児の相互行為を支える保育者に関する先行研究········· 12

  1-2.　相互行為に関する先行研究······························· 15

    1-2-1.　園内における相互行為に関わる発達に関する研究········· 16

    1-2-2.　園内における相互行為に関わる要因の多様性··········· 18

    1-2-3.　相互行為の構造及び発達との関係···················· 21

  1-3.　積み木における相互行為研究の展望と課題················· 23

第2章　本研究の目的と構成································· 25

  2-1.　本研究の目的·· 25

  2-2.　本研究の構成·· 27

第3章　方法··· 30

  3-1.　研究の対象·· 30

    3-1-1.　対象の施設と保育形態····························· 30

    3-1-2.　積み木の種類·································· 32

  3-2.　方法と分析·· 37

    3-2-1.　方法·· 39

    3-2-2.　分析·· 41

ii 目 次

3-3. 倫理的配慮 ………………………………………………… 43

第Ⅱ部 3歳児積み木場面の実証研究 ……………………………… 45

第4章 3歳児積み木場面の1年間の変容過程 …………………… 46

4-1. 問題と目的 …………………………………………………… 46

4-2. 方法 …………………………………………………………… 46

4-2-1. 研究協力者 …………………………………………… 47

4-2-2. 期間・時間 …………………………………………… 47

4-2-3. 観察方法 ……………………………………………… 47

4-2-4. 分析方法 ……………………………………………… 48

4-3. 結果 …………………………………………………………… 49

4-3-1. 目的の出現と相違の時期（6月〜7月）…………… 49

4-3-2. イメージの表出と共有化へ向かう時期（9月〜2月）………… 56

4-3-3. 協働の時期（3月）………………………………… 62

4-4. 考察 …………………………………………………………… 64

第5章 「崩れ」に伴う応答と行為に関する検討 ………………… 67

5-1. 問題と目的 …………………………………………………… 67

5-2. 方法 …………………………………………………………… 69

5-2-1. 研究協力者 …………………………………………… 69

5-2-2. 期間・時間 …………………………………………… 69

5-2-3. 観察方法 ……………………………………………… 69

5-2-4. 分析方法 ……………………………………………… 69

5-3. 結果 …………………………………………………………… 70

5-3-1. 崩れに対し肯定的な応答が表される場面 ………… 71

5-3-2. 崩れとその後の行為の関係性 ……………………… 81

5-4. 考察 …………………………………………………………… 87

第6章　保育者の発話と行為に関する検討……………………… 90

6-1.　問題と目的……………………………………………… 90

6-2.　方法…………………………………………………… 91

6-2-1.　研究協力者………………………………………… 91

6-2-2.　期間・時間………………………………………… 92

6-2-3.　観察方法…………………………………………… 92

6-2-4.　分析方法…………………………………………… 92

6-3.　結果…………………………………………………… 92

6-3-1.　イメージを膨らませて展開していく場合………… 96

6-3-2.　複雑な構築を目指して展開される場合…………… 99

6-4.　考察…………………………………………………… 103

第Ⅲ部　総合考察……………………………………………… 107

第7章　総合考察………………………………………………… 108

7-1.　各章の総括…………………………………………… 108

7-1-1.　3歳児クラス積み木場面における時期的変化（研究1）……… 108

7-1-2.　積み木の「崩れ」と「崩し」行為についての検討（研究2）

………………………………………………………… 110

7-1-3.　3歳児積み木場面への保育者の参加についての検討（研究3）

………………………………………………………… 112

7-2.　本論文で明らかになった知見……………………… 115

7-3.　本研究の幼児教育における意義…………………… 117

7-4.　本研究の課題………………………………………… 122

注…………………………………………………………………… 127

引用文献…………………………………………………………… 131

謝辞………………………………………………………………… 137

第Ⅰ部
問題と目的

2 第Ⅰ部 問題と目的

　人間の行為が，個人と環境との関係によって生成されることは自明なことである。その個人はいかに外的環境に関わり，そこからの応答を受けているのであろうか。本論文はその過程を，人間が外的環境と関わる早期に着目して検討するものである。

　本論文では，個人と外的環境（物的な環境と社会対人的なつながりが生成させたコミュニティのこと）との関係を，個人が外的環境との相互行為の結果として，外的環境を内化させることで外的環境の一員になる過程を明らかにすることを目的とするのではなく，個人が別の個人と相互行為する中で，外的環境が生成されていく過程を究明することを目的としている。つまり，個人は既存の環境を受容しそこに加わるのみでなく，個人を，新たな環境を主体的に構成する一因として捉える視点に立つ。

　よって本論文では，個人が外的環境とかかわる初期に着目をすべく幼児期を対象にする。そして，多くの人が幼児期を過ごす幼児教育施設の中でも，幼稚園を対象とする。日本の幼稚園では，一部の園において，満三歳児クラスの設定はあるものの，該当年齢となった4月から設定された3年間ないしは2年間のカリキュラムを，一斉に開始するシステムを採用している園が多い。これらは，制度的保育の開始が，利用者個々の保育に欠ける状態が生じた時を条件とする保育所においては，成立し難い環境である。

　一般に幼稚園への入園は，人生における最初の移行となる（山本・Wapner，1992）。幼児は，家庭には無い新たな環境に気づき，それを受け入れて活動の範囲を広げて，多様な体験を積み重ねていく。多くの幼稚園では，幼児は保護者に連れられて園の入り口で靴を脱ぎ，履き替え，手を振って別れ，背を向けて保育室の扉をくぐる。その先で，幼児は他者と出会う。そこに，それまで探索の拠点として存在していた保護者の姿はない。幼児は，自身のために用意された環境のどこかにより所を見つけて，園での生活を認識していく。

　また，幼児が幼稚園への入園を迎える頃は，保護者以外の周囲の他者の言

動に興味や関心を示す頃でもある。幼稚園では，幼児集団の中で生活することが求められ，大型の玩具や空間を他の幼児と共有するなど，幼児が家庭では経験できない環境で生活をする。その過程の中で，幼児は協働[1]的活動を行ない，他者との相互行為を学ぶ。2008年に改訂された幼稚園教育要領では，領域「人間関係」の「内容」として新たに「共通の目的を見いだし，工夫したり，協力したりすること」が，加えられるなど「協同」を扱った項目が示された。改訂の背景には幼児の「コミュニケーション能力の不足」や「小学校生活にうまく適応できない」等といった課題もある。しかし，人間関係や協働が重視される一方で，実際に幼児が幼稚園でどのように他者と関わり合っているかについては十分に検討されておらず，具体的な指導方法についても十分には明らかにされていない。

　幼児教育は環境を設定することから始まる。学校教育法では，幼稚園は「幼児の健やかな成長のために適当な環境を与えて」目的を達成する場であるとしている（第22条）。幼稚園では，幼児が人・物・自然・社会事象に関する知識を体験的に得ていくために，環境を計画的に整えていく 。保育における「環境」は特別な意味を持つ。幼稚園には「幼稚園設置基準」に基づく環境がある。設置基準には「幼稚園には，学級数及び幼児数に応じ，教育上，保健衛生上及び安全上必要な種類及び数の園具及び教具を備えなければならない。」（第十条）とある。また「幼稚園教育要領」には「教師は，幼児と人やものとのかかわりが重要であることを踏まえ，物的・空間的環境を構成しなければならない。」とあるが，法制上ではそのような表現に留まり，幼稚園には具体的で詳細な物の設置や配置義務はない。現状では，上記のような法令に基づき，また，日本の幼稚園が培ってきた文化と各園の歴史を引き継ぎながら，各園の保育者たちが幼稚園教育要領等に則って作成する保育計画に沿って思考し設置している。

　幼稚園において一般的に見られる物的環境には，屋外では砂場やブランコ，ジャングルジム，鉄棒，滑り台があり，屋内では一般家庭で大人が使用する

4 第I部 問題と目的

料理道具や食卓のセット等のままごとコーナーや絵本，積み木がある。中でも積み木のような教材は1837年に世界で最初に幼稚園が開設された頃より存在[2]し，以来世界中の多くの乳幼児が積み木での遊びを体験している。

　今日の幼児教育施設に設置されている積み木は，フレーベルの教育観に基づき作られた教材に起源がある[3]。フレーベルは教材に対し，児童のうちに存在する善く育つ力を引き出す物であるとの思いを持っていた。保育者からあてがう物ではあるが，教示する内容はこちらにあるのではなく，児童の内に既にその源泉はあるのだから，それらが正しく外へ向かうように導くという教育こそ必要なのであり，教材はそのために有効な刺激物なのだということになる。このような児童を尊重するフレーベルの思想は，当時の日本に普及していた恩物の形式主義になりがちであった面を批判していた井澤や東，倉橋らと似ているように思われる[4]。しかし，両者の設定の仕方には大きな違いがある。フレーベルは順番にこだわりがあった。例えば最初は「球」でなければならないとしていた。フレーベルは，初めの教材は他の形状の恩物は要求しなかった。フレーベルは，「球」が対峙し引き出すものと「立方体」が対峙し引き出すものとは違うと認識していたからである。だからこそ提供の時期と形体には強いこだわりがあった。一方の倉橋らは，どの形状から出会うかは幼児が決めるものとの見解にあった[5]。両者の違いは，形状と教育効果に対する意識の違いであるといえる。また物的環境は，情報伝達の簡易さから，本質を伴わず形式的なことのみが伝達される危険性を持つが，恩物も形式的な部分のみが広まってしまった時代があったことは否めない。一方で，恩物などの教材によって，幼児の教育とは何かが不明瞭であった中で，具体物において可視化されたことによって，幼稚園教育の普及は迅速に行われた[6]。その功績は大きい。また，可視化されたことにより，それぞれの保育を問い，問われる中で保育の質に対する議論を助長していた。つまり，それぞれの保育者が設定する物的環境を他の保育者が見て意味付けて，語り合い生成されることで，そして，幼児がその環境に応じた軌跡を残すことで，

保育者主導のものから乳幼児の人権を尊重し，乳幼児の主体性を重視する保育へと変革は起きたといっても過言ではない。今日幼児教育施設に設置された積み木の多くは，保育者主導による教示のための教材としてではなく，積み木の場と一つひとつの積み木の選択に，幼児の意思を尊重するという保育方針によって伝承された保育教材の一つとなっている。

　以上のように積み木は，保育教材としての歴史は最も古く，普及率も高い。しかし，積み木を含め，日本の幼児教育分野における教材研究は未だ少なく，特に積み木は，上述のように幼稚園設立より乳幼児の保育に必要な物として設置されてきたにもかかわらず，その価値や意義を究明し，学術論文として提出された知見は殆どない。そのため，積み木などの教材によって構成配置される物的環境がいかにして幼児間の関係をつなぎ，発達を支援しうるかについては明らかにされておらず，効果的かつ実践的な支援方法についても提案されていない。

　第Ⅰ部第1章では，幼稚園における相互行為について先行研究を概観することによって検討し，現在多くの幼児教育施設が保持する「積み木」の価値と幼児教育施設における教育的意義について，「積み木」を用いた保育実践の記録や積み木研究を概観し，相互行為に関わる積み木研究の今後の課題を検討する。

第1章 園における相互行為の構造と過程

1-1. 積み木と幼児の発達に関する先行研究

積み木の教材としての意義を検討する研究として，①積み木場面において頻度の高い行為（積み上げる，空間を作る，構造物をデザインするなど）に着目したり，様々な積み木の形状に着目したりするなどして，特定の能力の発達（言語や数学，空間に関する技術など）との関係の分析を目的とした研究②積み木場面において相互作用として獲得される能力や相互行為の過程に着目し分析された研究などがある。

1-1-1. 積み木場面における行為と形状に関する研究

積み木場面における行為と形状に関する研究については，特には物的環境としての積み木と発達との関係において，以下のような知見が示されている。

伊藤・高橋（2011）は，対象児の1歳6か月から2歳までの期間における家庭での積み木遊びの様子を記録し，分析を行なっているが，①間隔概念の密着から拡散への広がり②積み木の重心と高く積むことの関係性に関する体験的学び③平面から立体への概念形成の3点に効果があったことを明らかにしている。また宮川・加藤（1997）は，1～3歳児までの乳幼児の小型木製立方体積み木での遊びの様子から，乳幼児は積み木を頭の中で構成し関係づけながら積んでいると述べる。積み木を高く積むためには①物理的知識②空間的推理③分類④系列化の4つの要素を必要とするが，乳幼児はそれを試しながら構成し積み上げているという。その結果から，「積み木」の利点を，①幼児が働きかけたことへのフィードバックの反応の速さ②繰り返しにおけ

る結果の規則性の2点にあると述べる。岩田（2004）は，積み木で遊ぶ幼稚園年少から年中までの幼児を観察した結果から，学年による操作の仕方の違いを明らかにし，その操作に関する発達の変化は，①認識（空間と空間における自己身体の認識）②計画的行為と時系列的な遂行能力③時系列的な言語使用の3つの発達に関与する変化であったと述べている。

　以上は，観察を基に過程の変化から導出された知見である。

　積み木の発達への影響は，乳幼児期から確認されている。確認された発達のほとんどは，数学的概念や物理学的概念に関するものである。Beth M. Casey et al.（2008）は，5, 6歳100人の幼児に対し，1つの統制群クラス（教示なしで積み木を扱った活動を行なう）と2つの実験群クラス（1つのクラスでは積みたい構造物の目標を示すと同時にストーリーテリングを伝え，もう1つのクラスでは積みたい構造物の目標は示したがストーリーテリングを伝えることはしなかった）を設定して実施した後に，空間視覚に関するポストテストを行なった。結果，ストーリーテリングを加えた群に効果が見られたとして，構築のスキルの向上にストーリーテリングを用いることは有効であるとの知見を示した。そして，体系的な積み木を用いた教育は，幼児期における数学カリキュラムの，特には空間推理能力の開発に有効である可能性があると提言している。また，Boyoung Park et al.（2008）は，幼稚園通園の経験が無く積み木遊びの機会があまり無い6歳と7歳の子どもに積み木と4パターンの型枠を与え，枠内に収める様子を観察した後，それぞれの子どもにインタビューを行なった。結果，二人の子どもは探索的に枠内に収まる形を求め続け，その後観察者から正答の実演が見せられた後，正しく枠内に収まる形を作ることができ，そしてその後のインタビューでは，数学的な行動をしていたと思っていないと発言したという。このことから，積み木との自由で探索的な行為は結果的に数学的な行動に従事させており，数学的な概念の獲得に寄与しているという。

　数学的概念は，物事を認識し，それを論理的に思考していく基礎となる。

8　第Ⅰ部　問題と目的

物事の認識と論理的思考は外的環境に応答し相互行為を行なうための基礎的能力の一つである。以上の知見から，そうした数学的概念の獲得に積み木との関わりが有効であるならば，積み木は相互行為を促進する物的環境の一つであるといえる。

　そしてこれらは，規則性の高い運動が生起する確率が高い積み木の物的特性を現す結果であったといえる。しかし，そのように運動が限定的である積み木にも様々な形体は存在する。オークヴィレッジ社の「寄せ木の積み木」やネフ社の積み木，セレクタ社の木製玩具，WAKU-BLOCK など，素材に対してねらいを持った積み木や，基尺と呼ばれる積み木の寸法に意図を反映させた積み木が制作されている（奥村 2008）。

　積み木の形状の差と行為や行為の展開との関係に着目した研究に，黒江・鈴木（1961），石賀（2009）等がある。黒江・鈴木（1961）は，L 字型積木と棒積木の二つの形状の積み木を用いた実験から，積み木の形状と幼児が得られる体験との関係について分析している。結果，L 字型積み木では，①方向・量・つり合いの思考に関する活動がみられる②積み木が組み合わさった多様な形から様々なイメージが浮かぶ③作りながら操作しても直ぐには崩れないという性質があった等3点の特性などがみられ，棒積み木では①量の統合と分化に関する活動がみられる②イメージが想起されることは少ない③操作に対し崩れやすい等3点の L 字型積み木とは異なる特性がみられたことを明らかにした。そして石賀（2009）は，2施設での積み木遊びの観察から，シンプルな形状の積み木では，「巻き込み度数」[7] が高くなり，穴あきの積み木とその穴に円柱の積み木が通せる積み木の形状のものは巻き込み度が低くなり，積み木そのものと関わる集中力が増したとの結果を示した。石賀（2009）の結果からは，積む等の行為を生む積み木そのものが相互行為を促進させるだけではなく，積み木固有の形状も相互行為の促進に影響していることが示された。

　以上の知見から，積み木によって①外的環境に応答し相互行為を行なうた

めの基礎的能力の一つである数学的概念が獲得される可能性があること②積み木場面で獲得される数学的概念はストーリーテリングを用いたり，自由で探索的な行為として行われたりするなど特定の条件が加わることで効果的な獲得が望めることの二点が生起することが示された。また，積み木の形状の違いは，①行為者の構築に関するイメージの生成②行為への参加率の二点に関係し，使用できる積み木の形状が多様であり，かつ連結部分が無いなど運動変化の大きい積み木の方が，より多くの他児との相互行為が発生する可能性が高くなることが示唆された。このことから積み木場面の観察と分析においては，行為者が意識したり，時に行為者間で共有されたりするイメージやストーリーと，観察時の積み木の形状が相互行為に対する何かしらの要因として関係する可能性に注意を向ける必要がある。

1-1-2. 積み木を媒介とする相互行為について検討された研究

次に，積み木場面において発生した相互行為に関する研究について概観する。

積み木場面での相互行為の発生について，他の遊具との比較から検討した牛山ら（1974）は，2歳10か月から3歳11か月の子どもの遊具の種類と相互作用の関係を明らかにする実験結果から，積み木は「幼児がそれぞれの能力に応じたやり方で自分の力を発揮でき，一方の積木遊びが他方のそれを誘発して共通の場を作ることが確認された」[8]とし，積み木の相互作用成立への有効性を示唆している。増田・中尾（1986）においても，「大型積木は，社会的参加が比較的なされやすい遊具」[9]であるとして，4・5歳児の社会的相互作用の観察に大型積木を用いている。ただし，牛山ら（1974）や増田・中尾（1986）の積み木を用いた実験では，結果として積み木を介した相互作用は発生しているとの確認はなされているが，相互作用の発生について，積み木の特性との関係における分析はなされてはいない。

特徴的な積み木の変化と幼児の行為との関係について示されている知見と

して，浅川（2007）と山本（2011）等がある。浅川（2007）は，3歳児の協働についての考察を，積み木場面における観察を基に行なっている。浅川（2007）の注目は，積み木が壊れた時，壊された時の3歳児に関する考察であり，そこで生じた対立や葛藤が，自身の思いへの気付きや高まりとなり，相手へ伝えようとする気持ちが生まれる等，他児と関わる体験と深く思考する機会が得られているとしている。これらは「崩し」という積み木の構造物固有の変化に着目した結果，得られたものである。また積み木が数量で捉えられるという積み木固有の特性を基に，2者間による相互交渉を明らかにした研究には山本（2011）がある。山本（2011）では，結果，積み木の数を限定した場合，4歳半頃までは一人遊びの状態であったが，4歳半頃から共同の遊びへと発展したこと，多数の積み木が用意された場合でも，2歳児群と4歳児群でそれぞれに相互作用（衝突）は確認されたとの結果が示された。積み木の数が多数であったにも関わらず衝突が生起したのは，山本が示した事例から，幼児は積み木を一様に等しく見ているのではなく，遊びの過程で2歳児であれば何らかの出来事（床に落ちる等）により意味付けされた積み木が生まれることによって，4歳児であれば必要な特定の形の積み木が生まれることによって，特別視された積み木が生まれたことによると思われる。この結果は，数の限定が相互行為の促進に有効に働くことと，遊びの進行によって，積み木の一つひとつに積み手にしか見えない価値が生じ，それが積み木を巡る行為に影響を与えていくことを示唆している。Lynn Cohen & Joanna Uhry（2007）の研究では，5歳児が積み木を構築する場面の発話を分析している。Lynn Cohen & Joanna Uhry（2007）は，5歳児で3つのサイズの異なるグループ（個々に取り組むグループ，2人で取り組むグループ，3人以上の幼児で取り組むグループ）を積み木のある場所に呼び，そこでの積み木場面についてビデオで記録を撮りながら観察を行なった。結果，2人以上で取り組むグループは個々に取り組むグループよりも見立てた積み木を説明したり，構築したりする中で伝達の発話が頻繁に観察されたとして，積み木の

場は社会的な相互作用を生成する場であると言及した。積み木の場は，説明や伝達といった発話を促進させる可能性があることを示している。

　しかし，こうした研究では，積み木の固有性が相互行為の発生を促進した可能性を示しているが，積み木固有の変化と行為との関係についての詳細な検討は少なく，積み木のどのような性質や動きが幼児の行為の何に関係しているかといった分析はなされていない。

　積み木の構造物の変化と幼児の行為との関係の詳細な分析を試みた研究に，Geetha B. Ramani et al.（2014）の研究がある。Geetha B. Ramani et al.（2014）は，4-5歳児で同性のペアを作り，積み木で構築して欲しい物の要素を教示してその後のペア間の発話，行動，完成物についての分析を行なった。ペアは被験者自身が最も仲が良いと答えた幼児と，クラス担任から見て最も仲が良くないと思われる幼児とペアになるのを避けて組まれた。そうして組まれたペアによる取り組みを観察し，発話や行為をコード化して量的分析を行なった結果，①性差はない②発話内容や量と積み上げに関する行動との関係に相関がない③ペアで調整された行動は積み上げに関する行動と構造物の複雑さに関係しないという3つの結果を明らかにした。また観察における気付きとして，量が少なかったとしても構造物の複雑さへの影響がないように思われたペアがいることや，積み木の数と空間に関する発話があったことから，ペアによって発話の内容や量は多様であることや，積み木を内容に取り入れることで，空間，数学，共同で問題解決を行なう技術の練習になり得る可能性があるとの知見を示している。この知見から，完成までの過程における違いの要因は，量的事象において特定しうる可能性は低いものの，観察者が意味付けられるペアによる過程の差異は発生していることがわかる。

　以上，積み木場面における相互作用に関する先行研究からは，①一人遊びから共同の遊びへと移行したこと，またそれは4歳半頃にみられたこと②積み木の個数に限らず他者との衝突は生起すること③性差無く行なわれている可能性があること④発話数と相互行為の内容は構造物の複雑さと必ずしも関

12 第 I 部 問題と目的

係しないこと等の示唆が得られた。また，積み木の特性と行為との要因を検
討するためには，構造物の変化時の反応や応答に観察の注意を向ける必要が
ある。ただし，これらの知見の中には幼稚園 3 歳児以外の結果がある。そこ
で以下では 3 歳児クラスにおいてみられる保育者の支援に着目することも合
わせて，3 歳児積み木場面の特徴と課題について検討していく。

1-1-3. 3 歳児の相互行為を支える保育者に関する先行研究

　幼児が活動を広げ，協同していく過程を明らかにした研究は 5 歳児を対象
としたものが多く，3 歳児の協同遊びについての研究は少ない。その中で中
坪ら（2009）の研究があるが，この研究は遊びを援助する保育者に着目をし
た研究であった。3 歳児クラスの幼児の遊びの展開を縦断的に検討した研究
には，丸山・伊藤（1999）がある。丸山・伊藤（1999）は，継続した遊びの
展開に最も関わった 2 児の分析を行ない，家庭環境へのアンケート調査から，
2 人が異なる趣向と経験を有していたことを明らかにし，観察での分析から
「2 人がそれぞれが不得意の部分を補い合ったので遊びが充実した」[10] との
結果を導いた。このことは，3 歳児に協働が見られ，またそれが効果的に機
能する可能性があることを示唆している。そして，3 歳児クラスにおいて
数ヶ月にわたって遊びが展開した要因については，「幼児の遊びを引き出そ
うとする教師の意図から解放された，自由に行動できる未知なる空間がこの
遊びを生み展開を促した」[11] と言及している。その「未知なる空間」が何で
あるかについての検討はなされていないが，保育者の存在が遊びの展開や継
続に関係があることを示している。

　特に 3 歳児クラスでは，仲間関係に必要な能力の獲得期にあり，個人差が
大きい等の特徴から，クラスでの活動や関係形成には保育者の配慮が必要と
されており，松丸・吉川（2009）は，3 歳児の入園からの仲間関係の形成に
着目し，観察結果から「保育者と関係を築く」「友だちに関心をもつ」「友だ
ちに近づく」「友だちと対立する」という 4 つのカテゴリに分類されるとい

う３歳児クラスの特徴を示している。そして，３歳児の仲間関係の形成には保育者の配慮が必要であると述べる。

幼稚園という多数が集う場において，自身の思いを実現するために，共に働きかけ合いながら一つの活動に関わっていくには，聴き手が意味を理解することが可能な発話数を増加させていくことが必要となる。３歳児同士でも大人と同様に，話者を交替させて話題を共有し，それを維持させることはある程度可能である。とはいえ，３歳児クラスを構成する幼児は，言語使用能力と推測して聞く力の未熟さから，非言語行動での相互交渉が多く，会話の展開には大人の調整が求められる（小坂 2001）。保育者の言語的援助と保育者以外の者の言語的援助とを比較した瀬尾（2015）は，保育者の言語的援助は，共感と質問や疑問の投げかけであると述べている。また，ごっこ遊び場面における保育者の発話と遊びとの関係を検討した玉置（2010）は，幼児同士の関係性の構築が促進されたのは，保育者が幼児の行為に実況解説を行なった時であったと言及している。これらの結果から，保育者の望ましい言語的援助は，共感やフィードバックというような受容的関わりにあるということがわかる。

３歳児による非言語的相互行為に対する保育者の関わりについては，次のような研究が挙げられる。田窪・堀越（2012）は，「３歳児のひとり行動では，不安から保育者を探したり，それぞれが自分のことを楽しんだりしていた」[12] ことを観察結果として示している。周囲との相互行為の始まりに，保育者という人的環境が影響していることがわかる。塚崎・無藤（2004）は，幼稚園３歳児に対する保育者の身体接触に注目し，保育者の受容的なスキンシップでの受け止めが，不安を持つ入園当初の幼児との信頼関係を築き上げ，結果幼児にとっては保育者自身が家庭の代わりとなり，他児との積極的な関わりが増加するとの知見を示している。保育者の関わり方と幼児への影響の関係を検討した松永ら（2012）も，視線を共有し身体的な同調を重視している保育者と指示的な発話が多い保育者とを比較し，前者の方が幼児との関係

性は親密であり，幼児同士の関係も受容的な関係が生成していたことを明らかにしている。これらの結果においては，受容的な行為による関わりの効果の提示のみならず，3歳児との関係性の構築と活動において，そうした行為による関わりが言語的援助以上に影響を及ぼすことを示唆している。

保育者の幼児への支援については，幼児への直接的な関与（発話・行為）に限らず，保育者が行なう環境設定や「見守り」と呼ばれる観察行為というような間接的な関与に関しても，その重要性と質による効果の違いが確認されている。

例えば1900年代初期にCaroline Prattによってアメリカの幼児期プログラムに導入された積み木（Unit block systems）は，多くの教育施設において設定されているが，Judith E. Stroud（1955）は，その際の設定に十分な配慮を行なうことで言語能力の向上が期待できると述べている。Stroud（1955）はまず，積み木を構築させていく時や保育者が構造物の説明を求めた時などに議論するなどして語彙が増えると述べる。また，そのような言語能力向上への期待は，積み木周辺の環境設定の仕方によっても異なるとして，本や文具などが使用できて積み木の構築に関係する道具として周辺に設定することを提言している。またKaoru Otsuka & Tim Jay（2016）は，3・4歳児を自由保育時間中に積み木場面への参加を促して積み木場面の展開を設定し，そこでの様子についてビデオを用いて観察した。結果，①幼児同士は意思の共有を行動観察をし合うことで行うこと②幼児と大人（実践者）との意思の共有化においては大人の言葉による刺激が幼児の考察を広げ得ること③活動を小休止する時間があることは熟考を促進させること④熟考はその後の満足度に関係することの4点が観察されたと述べている。よって，①幼児を指導しないことが幼児の多様な表現を引き出すことから，実践者は遠くから幼児を観察し，幼児同士が話し合えるようにいること②実践者は適正な場と活動のための時間を設定すること③幼児達の意図と必要な支援について理解すべきであることを示し，環境設定の重要性について言及している。

第1章　園における相互行為の構造と過程　15

　以上，3歳児の相互行為を支える保育者の先行研究を概観し，3歳児クラスでは，最初は保育者による共感的応答等の受容的な言語的・身体的関わりに頼る形において，相互行為が生成していく過程があり，またその過程があることの重要性が示唆された。加えて，言語的・身体的関わりのみならず，積み木の設定など環境整備への配慮や，適当な距離を持つ等の間接的な関わり方も幼児の相互行為の生成に関係することが示された。Otsuka & Tim Jay（2016）らの提言は，日本の幼児教育施設における「自由保育」場面がそれに近い体系を持つものと思われる。今日の日本の幼児教育施設では，保育環境は，日々保育者によって設定され整備される。そこでのねらいは，保育者の側から教材を提供し，幼児はそれを享受するというだけではなく，幼児も共に環境を構成していく，主体的な仲間として保育カリキュラムの中に迎え入れ，幼児，保育者，地域社会，自然等の事象など園と関わる全ての環境を保育環境の形成に関与させるというものである。保育環境は幼児のものとしてあるような設定を，保育者が行なっている。つまり，幼児教育施設における幼児の行為は全て，その幼児個人のものでありながらも保育者の関与は否定できないといった性格を持つ。よって保育者の関わりについては，①事象に対し，保育者が関与していると思われる文脈を可能な限り保持しながら分析をする②保育者が直接的に関与しない場面の検討と保育者が直接的に関与する場面の両方を分析するという2点を分析の目標として，3歳児積み木場面での保育者の参加と支援を明らかにしていきたい。

1-2.　相互行為に関する先行研究

　一般に幼児が周囲の環境に興味や関心を示す前提には，身近な人との愛着関係の形成による自他の区別がある。そして自他の区別より自己感（自己が実感されていく感覚）が発達することから自己主張と探索活動が増え，保護者への依存と反抗を繰り返しながら保護者の思考の存在に気づき，自己の固有

16　第Ⅰ部　問題と目的

性に気づく過程を経る必要がある。この自己感の発達と他者との相互行為促
進の重要なツールとなる言語が獲得され，相互行為を通して言語能力が発達
することによって，更に自己の領域が明確になり広がっていくが，その頃が
おおよそ2歳以降であるとされている（Daniel N. Stern, 1985）。また Garvey
（1977）は，自己感の発達により3歳ごろまでに，「遊びの状態・遊びではな
い状態，社会的状態・社会的ではない状態」[13] について自身の言葉で伝達す
ることが可能であると述べる。これらのことから，乳幼児期は自己を基点に
したり，自身を尺度として用いたりしながら周囲の環境を認識していくこと
がわかる。つまり，他者との相互行為の初期では，自己感の獲得が要因とし
て影響している可能性がある。そして，他者との相互行為の結果が，それぞ
れの自己感の発達に影響を及ぼす可能性も考えられる。幼稚園教育の開始期
は，おおよそそのような外的環境との相互行為が増加すると同時に，自己に
おける様々な能力（自己主張，自己抑制，自己調整等）が発達する可能性があ
る時期といえる。

　以下では，園内における相互行為に関わる発達に関する研究を概観し，幼
稚園における3歳児の発達的特性とその研究課題について検討する。

1-2-1.　園内における相互行為に関わる発達に関する研究

　幼稚園3歳児クラス自由遊び場面における相互行為に関する発達を検討し
た研究の一つに，松井・無藤・門山（2001）がある。この研究は仲間との相
互作用がどのようにして生じるのかを検討した研究であり，4歳児になると，
発話で聞き手の注意を引きつけるかあるいは返答を得るなどして，言葉によ
る相互行為の維持は成功しているとの結果を示した。この結果から，他児と
の相互行為に必要と考えられる受信可能な発話数の増加という言語発達は，
幼稚園3歳児クラスにおいて発現し得ることがわかる。また，日本の幼稚園
のクラスは4月時点での年齢を区分に学年を振り分けているため，学級の一
年間の中で個々の誕生日を境に年齢が異なる構造になっている。そのため，

低年齢学年ほど学級の中での行為に月齢による差が生じやすい事は推察されるところだが，これらの知見から，3歳児クラスでは一つの学級内での幼児同士の相互行為の生成が，不安定な状態にある可能性が考えられる。小谷・長瀬（2011）は，幼稚園3歳児の認知特性について，磁石を用いた設定保育を実験的に行って，3歳児の「観察」と「コミュニケーション」に着目して検討した。データは行動観察から作成され，3歳児では予測を推論するレベルではなく，アナロジーを手がかりにした観察行動で場当たり的との結果を示した。新入園児の入園月からの相互作用の内容の変化過程を分析した研究に，高橋（2004）がある。高橋（2004）によれば，新しい環境への参入時には「身体接触」行為が多いことが示された。また変化は，相互行為として着目した「叙述」行為に増加の傾向があり，「禁止・拒否」といった行為も増加していたことを示唆している。「場当たり的」であるとする小谷・長瀬（2011）の研究では，3歳児相互場面における身体的行為への微視的で詳細な観察の重要性が示されている。また高橋（2004）の研究からは，他者との良好な関係構築に必要なスキルが向上するなどして，単純に年齢や経験と共に効果が上昇するというのではなく，「禁止・拒否」といった良好な関係構築にとって否定的な働きをすることが想定される行為が増加することによって，関係構築が停滞する可能性があることが示唆された。

　野尻（2000）は3歳児の相互行為が成立しなかった事例から，相互行為が成立する際に必要な状況として①他者理解②互恵的行為の2点を挙げ，そして行為の積極性・具体性と相互行為は低年齢児ほど関係が高いとの結果を示した。相互行為において，他者の意図を理解し，その意図に適合する表現を提示することは必要不可欠であるが，やはり3歳児クラスではそれらが設定されず，結果相互行為になり得ない場面はあるということであろう。また一方で野尻は，クラス集団の中での見え（他者評価）が，相互行為の機会の獲得に関係していることも指摘している。このことは，園の中で観察される相互行為は，個の発達のみが相互行為との関係を持つのではないことを意味し

18 第Ⅰ部 問題と目的

ている。個の発達能力に依存しない，他の要因が考えられるということである。

1-2-2. 園内における相互行為に関わる要因の多様性

園の中での相互行為について，個の発達のみに着目してしまうと，幼児が行なった相互行為に関する要因が特定されにくいことの原因の一つとして，幼児教育施設では，全てが保育に関わる対象として捉えられ，カリキュラムとして内容に含まれていることが考えられる。全てが対象であるというのは，例えば幼稚園教育要領では「幼児期の特性を踏まえ，環境を通して行うものであることを基本とする」（幼稚園教育要領，第一章総則）とあり，また保育所保育指針においては環境の定義として「人的環境」「物的環境」「自然や社会の事象など」とあり，それらの「環境が相互に関連し合い，子どもの生活が豊かなものとなるように」（保育所保育指針，第一章総則）とされているように，保育の計画は園に関係する全ての要因を考慮しながら立てられ，実践されている。当然，計画にはない偶発的な出来事によって展開される保育もあるが，多くはそうした保育者によって，相互行為を含む保育目標の達成が意図された環境の中で，生成されている相互行為であるといえる。また別の原因としては，幼児期における発達的特性が挙げられる。無藤（1996）は，園の保育の最低基準として幼稚園教育要領に書かれてある「環境を通しての保育」という文言から，園の環境において幼児はどのように学び，このような保育方法が何に影響を及ぼすかについて検討している。無藤（1996）は，先行研究を概観し①環境は人に対し様々な行為の可能性を保持していること②身体が様々な動きに応じていくことで「身体知」が獲得され習熟されていくことを理論化し，幼稚園では多様な動きを可能にしていくことが必要であると言及している。また，幼稚園での観察結果から①環境を基に見立てたり，それを模倣したりするなどの過程がみられ，その過程には物が状態を表す情報源となって組み込まれることがあること②幼児の遊びは必ず決まった展開がある

わけではないことを示している。境ら（2014）も，幼稚園 3 歳児クラスの共同遊びの観察を基に，遊びの時間的変容を図に描き，転換点に着目し，影響を及ぼした要因を分析する中で，テーマや目的の共有に向かって遊びが展開されるというよりも，それぞれがそこに位置した要因はその場の環境にあり，それぞれの興味関心が実行可能な環境が選ばれている結果であると言及している。どちらの研究においても，要因の特定には至っていないものの，複数の要因が関係して生成するものであるとの言及がある。

　また吉村ら（2000）も，個々の「間」と「間合い」とに着目した分析を行い，3 歳児クラスでの参与観察と保育者との話し合いの結果得た事例から，「間合い」獲得の過程について，①生活を共にすること②偶発的な事も含め，他者の状況をモニターし他者の行為に気付くこと③②のような機会の増減は保育者の配慮が関係することの 3 点を示している。岩田（2007）は，吉村らが「間」とする環境を，「ノリ」で生成されていくものとして論じている。岩田によれば，人間には潜在するリズムがあり，そのリズムが行動によって他者へと伝わり，他者はその伝わったリズムに同調して，やがてその場のリズムが共有化されたリズムへと変化していく過程が「ノリ」であるという。この「ノリ」は意図的な同調ではなく，無意図的なもので，認識しないままにいつのまにか行っているという同調であるとも述べている。こうした共にいることで共になっていくとする吉村ら（2000）や岩田（2009）の知見同様，藤塚（2015）も，保育園 3 歳児の仲間入り行動で，仲間入りを受入れる幼児集団との相互行為について，行為者の発話と行動からその過程を検討した。結果，言語を用いた相互行為よりも観察しながら近付いたり，動作を同じにしたり，同じものを持つなどの「同調行動」を行なう中でタイミングの良い入り方で暗黙の承認を得ることによって，遊ぶ仲間を得ていることを明らかにしている。瀬野（2010）は，幼稚園 2 歳児クラスでの参与観察で得た事例を基に，仲間との遊びにおいてみられる相互模倣について，身振り，言語，事物に着目して，その生成過程を検討した。結果，相互模倣には①気分や行

20　第 I 部　問題と目的

動が伝染していく感じの模倣②相互に交換しあう情報の内容よりも交換しあっているという事実が有意になるような模倣の二つのタイプがあることを示した。しかし，遊びの変化に関係した要因の特定には至れなかったとしている。その上で，遊びの生成と展開には，行為者同士が共有できる基盤が必要なのではないかと推察している。

　砂上・無藤（2002）は，他者と共にあるという状況は共にその場にいるという状態であるとして，場を共にする場面における幼稚園幼児の行動を分析した。共に遊ぶことは何かの共有を意味するが，この論文では行為者が共有する「場」という空間に着目し，それらが共有される過程について検討している。結果①言語での教示が仲間入りに有効であること②先占者が優位であることの他，③場の使い方の共有は身体の動きの共有を意味すること④場の使い方は遊ぶ過程の中で生成されることを示した。

　これらの知見は，園における幼児の行為を，単に一方向的に外界へ向けられた行動としてみるのではなく，他者との関係の中で作られていく，相互的な関係から引き出された行為とみなし得る可能性を示唆している。しかしこれらの，環境の全ての要因が多様に絡み合った結果としての相互行為を分析した研究において，特定の要因が究明されていることは少ない。

　相互行為場面において，視点を行動の一つに焦点化することで，分析をより細やかに行なった研究には香曽我部（2010）がある。香曽我部は，遊び場面における行動は心情や興味などの現れであるとして，3歳児の「振り向き」行動に着目した。結果①定点撮影から「振り向き」の多くは砂場で見られ，1人でいる状況であったこと②観察による「振り向き」から相互作用までの過程の考察から，「振り向き」は他者との相互行為欲求の現れであると言及した。よって「振り向き」に着目することで，相互行為欲求が図れる可能性についても提言している。また同様に身体を分析した鈴木（2012）は，身体を模倣された側に着目し，参与観察を行なって，模倣された後の行為の変化を明らかにした。結果，模倣されることは模倣した側の承認（受容）や提案

第1章　園における相互行為の構造と過程　21

（投げかけ）といった応答を意味しており，共同行為への契機になり得えていたという。

　物的な環境要因との相互行為については，加藤ら（2007）は，幼稚園の遊具が園児の遊びに与える影響を縦断的な観察による分析から研究し，関わり方の変化が確認されたことから，遊具による人への影響の可能性に言及している。

　幼稚園に設置される多種多様な物的環境から幼児が受ける刺激や，個々の幼児が物的環境に働きかける行為は極めて多様であると思われる。それら多様な環境の一つひとつが，園での各々の相互行為の過程に違いを及ぼしている可能性が考えられる。

　多様性という現況を保持しつつ，幼児が相互行為し得る可能性のある環境や文脈を捨象せず，可能な限り要因を特定していくためには，これより更に微視的な視点での観察と分析を，様々な視点を用いて繰り返し行なうことが求められるのであろう。

1-2-3.　相互行為の構造及び発達との関係

　相互行為やその結果としての相互作用に関する研究には，①相互行為を個人による向社会的な行動の結果と捉え，相互行為の結果である相互作用を個人の発達に関与すると捉える研究（Jean Piaget, Erik Homburger Erikson 等）と，②相互行為を個人が別の個人の影響を受けて行う行為とし，結果の相互作用は両者によって生成されたものであり，個人に還元されるのみならず，その場の構築に関与するものであると捉える研究（Henri Wallon, Lev Semenovich Vygotsky 等）等がある。前者の研究では，現存の集団内における個人の発達の検討に寄与する知見が得られるし，後者の研究では，集団が形成されていく過程の検討に寄与する知見が得られる。

　津守（1987）は，子ども理解は「子どもの行動を外部から客観的に観察するのではなく，行為を内的世界の表現と見る」ことや「自分が変化する」こ

と等から可能になると述べている[14]。津守はそのために子どもと共に生活することの必要性を述べる。ゆえに研究者などの第三者は，共に生活することで，言語化されることが少ない保育者の視点に近づくことができ，さらに保育の核心へと理解を深めることができるという。よって，本研究における観察においても，園において幼児が関わり体験する事柄に対し，可能な限り，その空間と時間を共にして，共感的な視点に立った検討に努める必要がある。ここでの共感は，佐伯（2001）のいう「対象になってみる」ということである。この知見は関係論的な視点に立つものである。

　相互作用を関係性の結果として提示した研究者の一人に Herbert George Blumer がいる。Blumer が提唱するシンボリック相互作用論は，パーソンズらが唱える構造機能主義と対峙する理論であると言える。Blumer が大切にしたのは，現実に生起している相互作用の過程をそのまま対象とし，それらへの意味づけと説明を究明し続けることである。Blumer は，参与観察法等による質的な分析方法に関する知見を提出している（Blumer, 1986）。

　Blumer が提唱する理論は，人間は「ものごとが自分に対して持つ意味にのっとって，そのものごとに対して行為する」[15]という前提に立つ。シンボリック相互作用論では「意味」を，「人々の相互作用の過程で生じたもの」[16]，「自己との相互作用 self-interaction の過程を通して，行為の中でその役割を果たすもの」[17]と考える。よって相互作用については「相互作用しあっているふたりの人間という形態でとらえられるべき」[18]と言及する。「人間の結びつきとは，流動的な，発達していく過程」[19]であり，「人間の相互作用は，すでに述べた性質と，そこから生じる結果とを持った，ひとつの過程」[20]であるという。また，相互行為は個人の外化を意味するのではなく，相互行為の実行には「統制」が働くとしている。この「統制」とは，「他者を考慮するというまさにその事実こそが，自分自身の行為を展開するにあたっての統制となる」[21]として，結果「他者と相互作用するだけでなく，自分自身とも相互作用する」[22]と述べる。Blumer によれば，個人の内的なものの外化の

フィードバックが個人を変容させるのではなく，外化の過程に既に外的なものからの影響はあるため，外化そのものに個人の外的環境との関係は作られており，また変容も示されているのである。

　Blumer のシンボリック相互作用論では，個人に対する外界との関係を細やかに観察していくことの重要性が述べられており，そのマイクロな部分への言及に留まっているとの批判を受けることすらある。しかし，その主張の性質上，外界の具体に関する言及がなされていないため，本研究において実際に分析するにあたっては，観察対象の具体を整理しておく必要がある。

1-3.　積み木における相互行為研究の展望と課題

　以上，積み木における相互行為研究に関する先行研究を概観し，日本の幼児教育施設に広く普及している積み木に対し，関係性構築に関する分析の可能性を検討した。

　積み木は，①外的環境に応答し相互行為を行なうための基礎的能力の一つである数学的概念が獲得される可能性がある②積み木場面で獲得される数学的概念はストーリーテリングを用いたり，自由で探索的な行為として行われたりするなど特定の条件が加わることで効果的な獲得が望める③積み木の形状の異なりはイメージの生成や参加率と関係する物的環境であることが明らかになった。加えて，積み木場面における相互作用では，①４歳半ごろに一人遊びから共同の遊びへの移行がみられる可能性があること②積み木の個数に限らず他者との衝突は生起すること③性差無く行なわれている可能性があること④発話数と相互行為の内容は構造物の複雑さと必ずしも関係しないことがわかり，３歳児クラスでの観察においては，一人から共同へと変化していく過程の観察が期待できることが示された。またその際，積み木の数や性差は場面の生成に関係するよりも，場面の状況に関係することがわかり，本論文における観察については，場に対する特別な操作を必要としないことが

確認できた。

　保育者については，言語のみならず身体的関わりとして行為にも着目する必要が考えられた。直接的関わり以外の関わりに関しては，その意図が現れている「自由保育」場面における幼児の積み木場面と保育者が参加して行われる積み木場面とを比較的に考察することで，間接的な関わりもまた明らかにできるのではないか。

　園の中での相互行為については，園という場が既に多様な要因を有していることに加え，更にそれらの要因が関係し合って，その場の人の行為に関わる新たな要因が生成されている可能性が，野尻（2000）らの知見からも推察された。また言語など様々な文化の獲得期である幼児期の特性として，「ノリ」（岩田 2007）というような身体的な同調といった必ずしも可視化されない「何か」の影響を受けながら，自らも場の要因の生成に関わっている可能性がみられた。本論文では，このような日々実際に幼児が受け止めたり発現させたりしていると考えられる様々な刺激を，より明確に示していきたい。そのためには，これら先行研究に示された要因に着目しつつ，観察を継続していく中で，行為者同士によって生成される意味世界としての相互作用とその行為を取り出し，予め特定のカテゴリを設定するのではなく，事象のあらゆる文脈に可能性を持たせつつも詳細で微視的な分析を試みる必要がある。

第2章　本研究の目的と構成

2-1.　本研究の目的

　第1章の検討から，幼稚園入園という最初の移行を，保育者という人的環境を基地として乗り越えて新たな生活を始めた3歳児は，自身からの見え方に基点を置きながら周囲の環境を認識し，働きかけているということが明らかになった。しかし，それがどのような過程で起こっているのか，1年間の育ちの過程を縦断的に明らかにする必要がある。働きかけにおいては，重要となってくることの一つに発達にともなう発話数の増加があったが，そこに幼稚園の物的環境がどのように関わるかは定かではない。幼稚園の物的環境の一つとして最も長きにわたって設置されている「積み木」は，先の節に挙げた4点（①数量に関する認知②空間に関する認知③フィードバック④規則性《行為と結果の因果関係》）のように，遊び手に何らかの効果をもたらしている可能性がある。しかし先行研究の多くは，実験室での実験結果に基づくものであったり，家庭であるものであったりと，実際の保育室での幼児の積み木場面との異なりを生んでいることは否めず，実際の幼稚園にある多様な環境の中で情報を選択し，他児に働きかけていくことの過程には，実験室にはない複雑な要因が関係していることは考えられる。

　日々の保育を対象とした先行研究においては，言語，身体，身体から発せられるリズム，物的環境が複合的に刺激し合う関係の中で相互行為がみられる場が生成されているということが明らかになっており，環境全てが影響し合う中での行為であると捉えていくことの必要性が見出されている。しかしながら，それら先行研究においては，未だ要因の特定にまでは至っていない。

26 第Ⅰ部 問題と目的

よって本論文では，積み木場面において，積み木の構造物の変化とそれに対する幼児の応答に着目し，そこでの事象に対してより長期的な観察と微視的な分析を行なうことで，これまでの知見にはないより詳細な過程と要因を提示する。

　以上のことから，本論文では，園に設置された積み木を通してどのように働きかけていくのかについて①積み木②幼稚園3歳児クラスの幼児と保育者に着目し，その過程を検討する。

　そしてそのために，第Ⅱ部において，次の3点の研究を行なって明らかにしていく。1点目として，第4章において，3歳児クラス積み木場面の1年の過程を，幼児の行為と積み木の構造物の変化から，積み木という教材を介し，幼稚園3歳児がどのように他児と相互行為していくのかを捉えていく。先行研究などから，園の中での相互行為に様々な要因が考えられることから，場などの分析対象を可能な限り焦点化すると共に，1年間という中期的な長さの中での変化の要因を明らかにしていく。2点目として，第5章において，1年間の3歳児の積み木遊びの場面から，特徴的な積み木の構造の変化を取り出し，それらの変化は行為者たちにどのようなフィードバックを与えているのかを明らかにする。特には，先行研究などから積み木の特性の一つである「崩れ」がその後の行為とどのように関係しているかについて着目し，分析する。3点目として，第6章において，人的環境としての保育者は3歳児積み木場面にどのように参加し支援して，幼児の相互行為と関係しているのかについて分析を行なう。園に設置された積み木は全て，物的環境の一つであると同時に，保育者の意図に関わる教材の一つとなる。よって園の積み木場面の展開に対する保育者の意図の関与は必須である。物的環境は，それが置かれる状況によって周囲への影響力が異なる。保育者が積み木場面において何を意図し，配慮しているのか，また保育者の参加はどのような場を生成する可能性があるのかについて検討を行なう。なお，本研究の研究協力者として依頼を行なう園は，過程を検討するという本研究の目的からも，幼児自

ら積み木の場と一つひとつの積み木を選択することができる「自由保育」を実践している園である必要がある。よって保育者が直接的に関わって幼児と活動することを，幼児の意思を尊重する保育者の配慮があることを考慮して，保育者の「参加」と捉え表記する。

2-2. 本研究の構成

　本研究は大きく3つの部に分かれ，全体で7章からなる。全体の章の構成をFigure 1に示す。

　第1部では，本論文が目標とする結果の目的とその背景にある問題について，先行研究から課題を究明し（第1章），本論文における研究の視座を提示する（第2・3章）。

　第1部で明確化した問題と目的，方法をもとに第Ⅱ部では3つの研究の分析を行なう。まずは3歳児積み木場面の1年間の変容の過程を明らかにする（第4章）。その上で，積み木の特性と積み木場面固有に見られる行為に着目したより微視的な分析を行なう（第5章）ことで，多重的な要因によって形成される場の文脈を可能な限り保持しつつ，変化の関係性を究明していく。最後に，園の積み木場面の在り方に大きな影響力を持つと考えられる保育者の参加の実際を，先行研究における分析視点である身体と発話に着目して分析し，保育者と園における積み木場面との関係を明らかにする（第6章）。

　第Ⅲ部において研究をまとめ，意義を提示すると共に，本論文の課題を検討することで，幼児教育施設における教材や相互行為に関する研究の意味と限界について示す（第7章）。

第Ⅰ部　問題と目的

第1章　園における相互行為の構造と過程

第2章　本研究の目的と構成

第3章　方法

第Ⅱ部　3歳児積み木場面の実証研究

第4章　3歳児積み木場面の1年間の変容過程（研究1）

第5章　「崩れ」に伴う応答と行為に関する検討（研究2）

第6章　保育者の発話と行為に関する検討（研究3）

第Ⅲ部　総合考察

第7章　総合考察

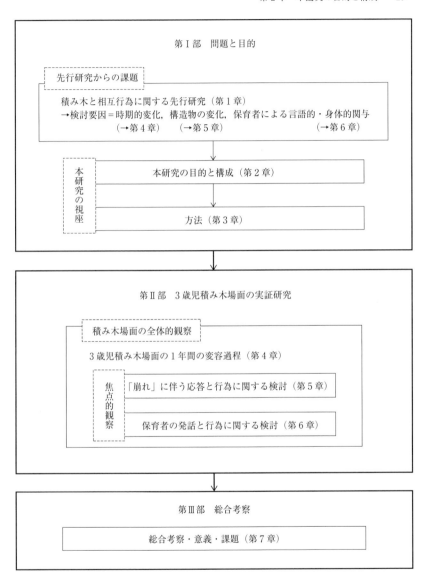

Figure 1：本研究の構成

第3章　方法

3-1.　研究の対象

　第1章で述べたように，本論文は幼児が幼児教育施設における様々な環境に誘発されながらも，自ら外界に向かい，関係を構築させていく過程を明らかにすることを目的にしている。そのため，分析の対象は行為選択が可能な状況下における事象でなければならないし，母親や多くの時間を共に過ごす保護者以外の人的環境に対し，興味関心が高まる時期であることが望ましい。

3-1-1.　対象の施設と保育形態

　日本における幼児教育施設では，各園様々な保育形態が採用されている。「一斉保育」「自由保育」「解体保育」「混合保育」「合同保育」などである（天野，2000）。そのうち「一斉保育」が採用されている施設では，幼児の行為に個々の保育者が関与する要因が強く影響する可能性が考えられるし，「混合保育」では，上の学年の幼児による要因が影響する恐れがある。よって本研究の目的より，「自由保育」や「合同保育」の形態を採用している施設を対象とする。

　また，日本において認可されている幼児教育施設は，保育所と幼稚園，認定こども園であるが，本研究では3年保育の幼稚園を対象とする。その理由の一つは，本論文の最初にも述べたが，本論文が集団への参加の過程の検討を目的としているのではなく，集団が形成される過程を検討することを目的としているためである。そのため，可能な限り，集団の成員の集団生活開始期は同時期にしたい。そして幼稚園の2年保育ではなく，3年保育を対象と

する理由は，3歳児幼児の発達的特性にある。またその幼稚園は，幼児の主体性を尊重した保育内容に取り組まれている園である必要がある。

上記理由から，東京都内私立 A 幼稚園を研究協力者とする。

A 幼稚園では活動間の移行時に一人ひとりのその日の心情に応じた援助がなされ，幼児の意思を尊重する自由な遊び場と，ゆとりある時間設定がなされている。3歳児クラスは2クラスある。3歳児クラスの幼児が触れやすい中型積み木は，3歳児クラスの内一クラス（以下このクラスをB組とする）の保育室から，3歳児の背丈ほどの高さのロッカーを隔てた所にあるホール隅のピアノの下に，専用の箱に入れられて収納されている。B組保育室に常備された積み木はない（2011年度現在）。ホールへはロッカーで場分けされているのみで，幼児は行き来できる。また，ホールにいても，保育室にいても，どちらの部屋の声も観察者の耳では確認することが可能であった。3歳児クラスに関わる人的環境については Table 1・2 の通りである。なお，A 園の観察時における保育者の平均勤務年数は4年（レンジ1-11年）であった。

Table 1：本論文における研究協力者（幼児）

章	クラス名	総数	男児数	女児数	レンジ
第4章 第5章	2011年度3歳児B組	26	11	15	37-48（2011年4月18日時点）
第5章 第6章	2012年度3歳児C組	27	15	12	42-53（2012年9月4日時点）

Table 2：本論文における研究協力者（保育者）

章	保育者名	担当等	経験年数
第6章	保育者A	3歳児クラス担任	1年目
	保育者B	3歳児クラス担任	1年目
	保育者C	主任	11年目
	保育者D	3歳児クラス担任	1年目

3-1-2. 積み木の種類

　論文の最初で述べたように，「積み木」の設置に関しては，設置基準において義務化はされていないものの，幼稚園教育要領解説において「積み木」に関する記述がみられる。それは幼稚園教育要領の中に書かれた「⑵いろいろな遊びの中で十分に体を動かす。」「⑻日常生活の中で数量や図形などに関心をもつ。」「⑵幼児の活動に沿って環境を構成する」「３体験の多様性と関連性」の解説部分に例として挙げられている。この解説から，今日の幼稚園では「積み木」は，身体的な発達や数学的な基礎力の育成，環境の再構成と様々な物との関連性が生じ得る遊具としての期待が寄せられていることがわかる。

　先行研究から積み木は，「並べる」「積む」「崩す」などの多様な行為を行なうことができ，その行為と目的や課題に応じて必要となる能力を変化させる物であることが示されている。また形状に応じて行為と経験は異なり，構造に変化が生まれやすいシンプルな形状の物の方が，相互行為場面を増加させることが示唆された。積み木は，⑴積み木が積み上がるという一つの行為によって，遊び手のイメージが具体的に表現されること⑵複数で遊んだ場合，遊び手同士が目的や目標の差異を明確に知ること⑶数に限りがあり，共に使用する遊び仲間を意識せざるをえない状況が自ずと作られること⑷積み木の形がユニット部の上下にはめ込める凹凸があるブロックなどと異なり，高く積むためには積み木の面と床面とを常に平行にさせなければならず，砂や雪などに比べて可塑性が低く積み木の形状自体を変えることができないため，創造に制約を生む一方，制約があるゆえに思考や操作の修正が一層求められる教材であるといえる。

　一般に市販されている積み木の材質には，木，発砲プラスチック，コルク，布等があり，手作りの物には牛乳パックに布やテープを巻いて作られた物や，布に綿を詰めて作られた物等様々にある。材質により，変化は異なる。木の

場合，面が安定しているため積み上げも安定してくるが高所からの落下によって発生する音や重さから受ける衝撃は，他の材質よりも強い。布などは非常に軽く，面も手の形状になじむように変形しやすいため，低年齢児にも扱いやすいが，面の不安定さからそれらを組み合わせての構築は難しい。本研究では，相互行為が想定され得る素材を採用したい。そのため，中型以上の積み木を対象とする。積み木の中でも中型積み木を取り上げる理由は，(1)多くの空間を必要とし，構造物が他者の眼に触れやすいこと(2)中型以上の積み木では，大きさが大きいゆえに小さな積み木以上に他者と協働していく場面が自ずと見られること（中村，1989）の2点による。また，材質は3歳児が操作可能であり，多様な構築を可能とする物が望ましいと考えるが，分析において考慮することとし，本研究ではその他観察条件を優先し，研究協力園に設定されている「中型以上の積み木」(Table 3) を分析対象とする。研究協力園における積み木の設置場所とその周辺の環境は Figure 10 の通りである。

　なお，日本の幼児教育施設では，積み木は木片を加工した小さなサイズの積み木や本論文で対象とする中型の積み木，木製の大型の積み木など多様な積み木が使用されているが，本論文の研究協力園である A 園では凹凸のあるブロックなどの小型の積み木と Table 3 に示すように中型の積み木の2つのサイズの積み木が設置されている。木製の大型積み木は設置されていない。これは A 園園長によれば，A 園が都市部の住宅密集地にあることから園舎も園庭も狭小であり，木製の大型積み木が展開できるほど充分な面積が確保できないためである。

　また，A 園では「人として，共生するすべての生命と自然に優しい人間を育てたい」「健康でたくましい身体と心を育てたい」「最後まで頑張れる力を育てたい」「考えたり工夫する力を育てたい」「直面する物事を解決する力を育てたい」「本が好きになるように育てたい」という6点を教育理念として掲げ，「すべての子どもに自信を持たせる教育を……」という願いの基に，

動植物など自然と触れ合える園環境に努められている。園行事である運動会を前に運動会用の用具がホールを埋め尽くす期間（10月上旬）以外は，通常積み木は常に Figure 10 の場所に設置されており，昼食などの生活の時間や一斉活動の時間以外は，子ども達は自由に使用することができる。登園後や昼食後の自由保育の時間では，各クラスの保育室は素材や遊び方によって場所が区分（コーナー設定）されていることが多く，子ども達はその時志向した場所や行為によって，場所や教材を自由に選択し，各自の思いを展開している。積み木が設置されているホールにはステージがあり，ラジカセを用いて踊ったり演じたりすることができる。またステージには階段が設置されていることから高低差が生じている場となっている。3歳児保育室は，時期によって設定は異なる。4月の入園当初は家庭との環境差の軽減を図ることを目的として，一般家庭で多く所持されていると思われる「プラレール」や「ぬりえ」，非日常的な感覚を必要とする遊びの世界への導入をねらう「おめん」や仮装用の衣装などが設けられている。おおよそ5月から6月にかけて，それらは少しずつ小さな空き箱やトイレットペーパーの芯などの廃材などへと変更され，加工されたものから加工していく余地のあるものへと展開される。保育室間の移動のみならず，屋内の物を屋外に持ち出したり，屋外の物を屋内に入れたりすることも，保育者は適宜子どもの志向性に応じた判断は行なうものの，基本的には子ども達の意思に委ねられている。これら教材等の設定は，前日の保育カンファレンス後に計画され，その日の子ども達の登園前の朝の清掃後に行われる他，各所で保育する保育者によって，子どもの様子や子どもの要求に応じて，適宜設置されたり片付けられたりすることもある。ただし積み木に関しては，上記したように行事など特別な期間以外は常に Figure 10 の場所に設置され，特定の時間以外においても自由に使用することができる状態にある。

Table 3：本論文で分析を行なう中型積み木とそのサイズ

素材	形	幅	長さ	高さ	色の種類と個数
ウレタン	三角柱	270	200	135	緑×2，青×1
	立方体1	200	200	200	赤×3
	直方体2	200	200	100	黄×3，緑×2，赤×1
	直方体3	100	400	600	青×1
	直方体4	100	400	400	青×1
	直方体5	100	200	600	黄×1
	直方体6	100	200	400	青×1
	半円柱	200	200	95	緑×2
	円柱	(円の面積) 300		200	青（星柄）×1
コルク	立方体1	12	12	12	茶×12
	直方体1	12	12	6	茶×8
	直方体2	12	12	24	茶×12
	直方体3	12	72	24	茶×4
	直方体4	12	72	48	茶×4
	三角柱	12	12	6	茶×8

※単位はmm。

Figure 2：コルク積み木

Figure 3：ウレタン積み木

Figure 4：三角柱

Figure 5：立方体

Figure 6：直方体

Figure 7：直方体

Figure 8：直方体

Figure 9：半円柱

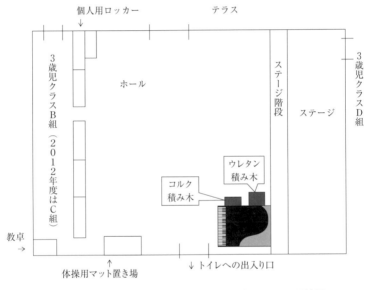
Figure 10：積み木が置かれたホールと対象クラスの環境図

3-2. 方法と分析

　自由保育を採用する多くの幼児教育施設は共通して，幼児の行為選択と主体性を重視している。幼児の自ら伸びゆく力を信じているからこそ，その力を励まし支える適度な環境的制約を設定することで，幼児が主体的に選択し

判断することのできる状態，すなわち自由な状態を作り出しているといえるからである。そのような自由保育中の事象を切りとり，時にその行為や成果物に名前を付けるなどして「出来事」にするのは行為者自身であることが多い。生活に関する以外の幼児の主体的な行動は，しばしば「遊び」と呼称される。山田（1994）は「遊びを遊びたらしめるものは，主体の意識や心理状態である」[23]という。幼児期の遊びは，とりわけ言葉だけではなく，物や身体的な動きを介したやり取りが多くみられる。このことは，幼児の遊び固有にみられるいくつかの特徴を生成する。一つは遊びの「生産性」に関することである。幼児の遊びの場合は，「生産性」すなわち資源に付加価値を足す行動が無いとも言われている（R. Caillois, 1967 等）。しかし，幼児の遊びの実際では，幼児は遊ぶ前から価値を付加させることを予測するというよりも，行動に引き起こされる場の変化に付加価値が見出されて付けられることが多い。よって幼児の遊びは，始まりこそ生産と非生産の区別ない行動であるものの，必ずしも結果の生産性が無いということではない。そしてこのことは，「時間」を要する。初めから付加価値を予定しているのであれば，時間を計ることも可能であるが，付加価値が加わるまでの過程も組み込まれる幼児の遊びに至っては，予め成果が出るまで（遊びの状態になったり，充足されたりするまで）の必要時間を計ることは極めて難しい。ゆえに幼児の遊びに，充分な時間が確保され，それが与えられることは重要である。

　そのような幼児の遊びの性質を踏まえ，本研究では観察による事例収集と分析に基づいて目的を検討する。観察によるデータ収集のメリットの一つは，文脈を捨象しないで要因に迫ることが可能な点である。一方で観察を基にした分析では，行動や出来事における結果の定義の一般化が難しく，要因の特定に至らない場合も有り得るが，本研究では幼児の行為と場の変化を微視的に書き出し捉えることによって事象の一般化を高め，分析を行なう。

3-2-1.　方法

　前節では，幼児期の遊びの特性から，幼児の行為を対象とした研究におい
て文脈を捨象しない必要性について述べた。文脈を視野に入れ分析を行なう
ことの重要性は，他の研究においても示されている。例えば無藤（2003）は，
日本の保育研究の特色を①実践的特質②養成的特質③研究の文脈特質④保育
の多様性の4点であるとして整理しているが，③研究の文脈特質については，
保育や教育が文脈的・状況的であることを述べたうえで，特に保育の文脈性
の強さを指摘し，その理由として日本の保育が総合的に行われていることを
要因の可能性の一つとしてあげている。

　本研究では「参与観察」の方法を採用する。その理由は，先行研究より①
言語での表現が未発達な幼児がそれぞれに発する微細な身体表現をも観察す
る必要があること②様々な空間が設定されている施設における複数の対象が
発生させる行動を観察するため，対象への予測が必要不可欠であることの2
点と，現実的な理由として③幼児が自由に動き回る様子を追うだけの観察室
を設置した施設が無いこと④ビデオカメラやマイクを複数設置した場合，通
常の状態が設定できない可能性があることの2点のためである。よって対象
の活動に参加しながら観察を行なう「参与観察」による観察を採用する。

　観察は可能な限り長期的に行なう。幼児と共に過ごすことは，幼児が遊び
に没頭するためにも必要不可欠である。どれほど観察者の存在の影響を最小
にするよう努めても，無にすることは不可能である。よって観察者がいる状
態が日常になるように努める。加えて長期観察は，観察で得るような連続的
なデータから変化を取り出すためにも必要である。変化を認知するには，変
化の無い状態を認識する必要がある。そのために，対象のルーティンを認識
することは重要である。幼児と可能な限り生活を共にする中で個々の日常の
行為を認識し，それとは異なる行為や場に着目し，変化を捉えることによっ
てその要因を検討する。そして長期的観察を必要とする他の理由として，特

40　第Ⅰ部　問題と目的

に重要なのは，この観察では幼児の行動を記録し分析するだけではなく，幼児の行動から考えられる意図，すなわち行為への着目と明示化を目標とするためである。

　幼児の行為を分析するにあたり，研究協力者である幼児の個々の特性や幼児が関係する環境についての理解を深めることは，関係論を支持した研究を行なうために必要であるゆえ，本論文における研究では，研究対象場面以外の場面にも参加するなどして共に過ごす時間を多く設定することにする。

　観察の始めは，保育補助のような形で幼児と生活を共にし，園の環境の一つとして認識してもらう。具体的には，幼児の声や視線が観察可能な近距離に位置して，助けの求めがあった時，また助けが必要と思われた時には積極的に関わって，安定した園生活を補助していく。幼児が観察者以外の物や人に興味関心が向いている時には関わることを止めて，観察を開始する。幼児が観察者に繰り返し意識的に視線を向ける等して刺激となっていると思われる場面については，分析のための観察記録は行なわないことにする。

　本研究における観察方法の概要は以下の通りである。

本研究における観察方法の概要
　2011 年度 4 月からのおよそ 1 か月は，園の保育への援助を行ないつつ参観した。5 月中旬からは距離を置いて観察のみに徹し，特にホールにおいて，積み木を利用して遊ぶ幼児に着目しつつ積み木場面の全体を観察した。
　2012 年度は，A 幼稚園で改修工事があり，改修工事中は幼稚園ホール及び仮設的に園庭にシートをひいた上に設置された場所でも観察を行なった。ホール及び園庭の仮設コーナーへは，幼児は自由に行くことができる。9 月からは 2011 年度と同様に積み木が設定されたため，2011 年度後期と同様の場所にて観察を行なった。
　観察場所は以下の通りである。
　B・C 組が触れやすい大型積み木は，B・C 組保育室から 3 歳児の背丈ほどの高さのロッカーを隔てた所にあるホール隅のピアノの下に，専用の箱に入れられて収納されている（Figure 10）。B・C 組保育室に常備された積み木はない。ホールへはロッカーで場分けされているのみで，幼児は容易に行き来できる。また，

ホールにいても，保育室にいても，どちらの部屋の声も観察者の耳では確認することができた。

B組は2人の保育者が担任し，朝の時間は一人がテラスに出て順次登園する幼児を迎え入れ，保護者との連絡のやり取りや相談などを受け，一人は保育室で入室する子を迎え入れて，支度を終えて自由に遊び出す幼児の保育にあたった。同じく朝の時間のホールには通常，主任保育者が机を出して造形などのコーナーを設定して担当していた。C組は3人の保育者が担任し，B組同様一人の保育者がテラスで幼児と保護者を迎え，二人が保育室で幼児の保育にあたった。2012年度はこの年から主任になった教諭がC組の担任も兼ねており，ホールに常時いることはなく，C組の担任3人でテラスとC組保育室，ホールの3か所を分担して持ち回った。

2011年度積み木遊びはFigure 10のような状況から，保育者によって積み木箱がピアノの下から完全に出された状態に設定された後に，幼児が来て遊びを展開することがほとんどであった。しかし2012年の積み木遊びでは，コルク積み木はステージ上に少し積まれた状態に設定されて，ウレタン積み木もマットが敷かれた上に保育者によって少し積まれた状態に設定されて，その場に幼児が来て遊びを展開する日が多かった。

3-2-2. 分析

本論文の目的は，園に設置された積み木に対して3歳児が行なう行為，及びその積み木を介して行なわれる他児との相互行為についての過程を検討することである。物を媒介にして他者との相互行為が行なわれるとき，行為者の判断と行動選択の基準は①自分と物との関係②他者と物との関係③自分と他者との関係である。それら全てのもの（行為者たち・物などの環境）の応答が適当になった時，相互に作用し合う関係は始まり，行為者たちの相互行為も継続の可能性を帯びることになる。

よって①行為者②行為者が行為の対象としている物の二点を対象に分析を行なう。以下に二点における視点をそれぞれ記述する。

①行為者

行為は行動（身体の動き）と意思からなり，意思の全てが行動になると

は限らないが，行動はその人の意思が反映されたものである（無藤 1996，香曽我部 2010 等）。よって観察・分析にあたっては発話，笑い声などの発声，物の操作，身体のあらゆる動き，視線に着目して観察し，分析を行なう。特に視線が他者に向けられるということは関係継続の予期を保有していることを表す[24] など相互行為に関わる行動として捉えることができる。

②行為の対象としている物

　本研究では積み木に焦点化して検討を行なう。対象の積み木の大きさや材質については Table 3，Figure 2-9 の通りである。この積み木が可能な変化は①面と面の接合②落下時の音とはずみ③荷重がかかった際のしなりやへこみ等である。また，不可能な変化は①一点と面の継続的な接合状態②道具を用いない切断などの形状の変形③伸縮等である。これらの特性から，①上に積み上がる②床上に並ぶ③転がる④崩れる⑤上から落ちて弾んで転がる⑥斜めの面を滑り落ちる⑦人が上に乗るといった変化を起こし得ることが想定される。よって，上記特性によって変化が期待できる事については行為と共に記録し分析することは可能である。また，これらの変化は行為を受けて発生するため，物体の変化の前後の行為者を丁寧に分析することによって，行為者の行動と意思を明らかにできる可能性がある。

　これらの観察とその後の解釈においては，Blumer（1986）が提唱するシンボリック相互作用論を参照したい。Blumer が提言する行為者による意味付けが，その場の物的・人的環境との相互行為において生起するというのは，第 1 章で概観した先行研究である野尻（2000）や岩田（2007），山本（2011）などの結果においてもみられている。それら先行研究が示している，幼児自身からの見えを基に周囲の環境を認識し，働きかけるという 3 歳児の姿に一致するものといえる。そして Blumer は，「探査」と「精査」を，研究を構成する視点として提示している。「探査」とは，「焦点は初めは広いものだが，探究の進展にともなって，次第に鋭いものになっていく」[25] 研究の状態を指し，「自分自身の概念道具を発達させることを目的としている」[26] ものであ

ると述べる。その上で「精査」として，「特定の分析上の要素にさまざまな
方法で接近し，さまざまな角度からそれを眺め，さまざまなそれについての
疑問を提起し，そうした質問の視点からそれの吟味に戻っていく」[27]と，必
要な検討の過程として言及する。本論文では，第1章の検討において，園に
おける幼児の相互行為過程を明らかにするにあたっては，園という場が多数
の要因を含有していることから，それらを捨象しない方法を用いた分析が必
要であることがわかっている。よって本論文では，Blumer が示した，意味
が人々の対象を作り，行為を生み出して，場を構築させていくという論理を
支持し，そこで述べられた①観察を重ねる中で概念道具を生成し発展させて
いくこと②さまざまな角度から吟味していくことの2点に注意を置いて観察
し分析を行なう。具体的には，まずは観察記録を基に概念を生成させる。こ
れについて Blumer は，「感受概念」として提案し，これは「経験的な事例
にアプローチする際に，どこを参照するとか，どのように接近するかという
ような概括的な意味を与えるもの」[28]であるという。Blumer は，「共通な性
質とは，なんらかの個々別々な形式で，各々の経験的実例に表現されている
もの」[29]であるとし，「概念の抽象的な枠組みの中に実例を埋め込むのでは
なく，概念から出発して，実例の現実的な個別性に至らなくてはならな
い」[30]と言及する。それによって，場面によって生成される動的な行為とし
ての相互行為の抽出は実現するのである。そして，「経験的実例を注意深く
検討」[31]し確かめる，「なんらかの意味ある像を描きだすような説明」[32]を
加えることで，3歳児積み木場面における相互行為についての検討を行ない
たい。

3-3. 倫理的配慮

　研究の遂行にあたっては，東京大学の倫理規定並びに日本保育学会などの
各所属学会や教育機関が定める倫理規程に則り実施した。保育観察を研究協

力施設に依頼する際に，研究依頼書を作成し，協力園施設長の同意を得た。また，観察で得たデータは研究目的以外では使用しないこと，全てのデータが分析や発表の対象となる可能性があること，また発表の際には全ての情報に仮名を用いる等して個人が特定されることのない情報とすることを口頭で伝え，幼稚園長の同意を得ている。観察中は全ての研究協力者の心身の安全を確保することに努め，心理的負担や不利益が生じないように配慮を行なった。また，本論文で使用した写真については，園長より論文内での使用の同意を得ている。

第Ⅱ部

3歳児積み木場面の実証研究

第4章　3歳児積み木場面の1年間の変容過程

4-1.　問題と目的

　第1章で述べたように，幼稚園開設以来幼児の体験に位置付く積み木であるが，積み木との出会いと過程を明らかにした研究は少ない。

　そこで本章では，多くの園に遊具の一つとして設置されている中型積み木に対し，3歳児がどのように出会い，遊びを通して何を体験して，他児と協働していくのか，その過程を日常の保育場面における観察から，「探査」(Blumer, 1986) 的に幼児の行為と積み木の構造の変化から捉えていく。

　第1章で取り上げた先行研究などから，園での幼児の変容を明らかにするためには，幼児の発話，身体に着目をする必要があり，それらが積み木の操作行為や構造物の変化とどのように関係しているかを詳細に分析していく必要がある。また，園における積み木場面の実際を明らかにするという目的のため，分析は日々の生活の文脈を可能な限り保持して行いたい。そのために，観察は短期ではなく中期的に行う。ある程度の期間を共に過ごすことにより，微細な幼児の変化を捉え，データ化することが可能になるからである。加えて，一定期間のデータでは，行為後や構造物の変化後といった出来事の後の様子も分析することができる。出来事の後の参加者の身体の微細な変化に着目することからも，行為と積み木の構造物との関係を明らかにする。

4-2.　方法

　「4-2-1.　研究協力者」「4-2-2.　期間・時間」「4-2-3.　観察方法」につい

ては第 3 章で述べた通りであり，以下の通りである。

4-2-1. 研究協力者

東京都内私立 A 幼稚園 3 歳児 B 組（26 人）。

4-2-2. 期間・時間

2011 年 4 月 18 日〜 2012 年 3 月 15 日（内 68 日間）
登園（9 時頃）〜昼食開始（12 時頃）または降園（14 時頃）までの時間

4-2-3. 観察方法

具体的な観察方法は以下の通りであった。

観察開始は入園式からおよそ一週間しか経っていない時であり，3 歳児クラスの幼児は園生活の流れなどは未だ理解しておらず，また保育者たちも園生活の習慣を伝えることより，園生活の中での楽しみが個々に見つかることに重きを置くため，幼児の多くの行動は受容されており，一人ひとりの体験と心情を理解し保育者同士共有し合うことに主眼が置かれていた。その中で観察者は，安全に気を配りつつ，幼児が興味関心を持った場での楽しみを共有したり，手洗いや排せつを援助する等して安心と安定に関わる支援に参加させていただいたりした。この間に観察者は，今後幼児が獲得するであろう園生活の習慣等を学んだり，幼児それぞれの興味関心事や振る舞い等の個性を知ったりすることができた。また幼児も観察者を園の人的環境の一人として認識してくれた様であり，その後も特にこちらの観察に対し観察行為に関する質問などを受けることはなかった。

5 月中旬からは共に遊んだり，生活に関わる援助に参加させていただいたりすることはせず，幼児の活動からは少し距離を置いて観察のみに徹した。特にはホールにて，積み木を利用して遊ぶ幼児に焦点を置いて観察した。

観察中は，幼児の会話が聞き取れるだけの距離を置き，メモを取った。ま

48　第Ⅱ部　3歳児積み木場面の実証研究

た，観察者の傍らにビデオカメラを置き，事例を書き出す際の補助としてその映像を用いた。

4-2-4.　分析方法

観察で見られた特徴的な行為を，ビデオ記録とフィールドノーツから取り出し，積み木を扱う際の行為に着目して事例を作成した。取り出した行為はTable 4 の通りである。Table 4 の行為はノーツに出てきた順に書き出したものである。また，行為者の行為の変化を Table 5 において分析するために，番号を付した。

Table 4 として書き出した結果から，伝達や確認など，他者との相互行為を示す行為が発生していることが確認できる。また，積み木に関する行為は，

Table 4：3歳児積み木遊びにみられた特徴的な行為

番号	行為	定義
①	積む	積み木の上に積み木を置く行為
②	崩れに歓びを表す声を上げる	笑顔で飛び跳ねたり笑い声を発声したりするなど肯定的な様
③	乗る	積み木の上に身体を乗せる
④	イメージの言語化	イメージしたものを言葉にして発声する
⑤	崩す	積み上げられた状態を無くす
⑥	積み木の形を選択して積む	複数の積み木に視線を向けた後に積み木を手に取り積む（①と同じ）
⑦	言語によるイメージの伝達	イメージを伝えるための発話
⑧	他者にイメージを確認する	イメージを確認する質問発話
⑨	イメージを受け入れる	他児からの伝達に対するうなずきや他児の指示に基づく行為
⑩	拒否	他児の指示などを拒む様
⑪	役割を言語化する	役割について言及する内容を含む発話

身体的運動による操作と言語に大別でき，そしてそれらはイメージの発生と関連することが明らかになった。行為の生起との関連が考えられる積み木の構造物の変化は，崩れと形状の違いであった。観察対象の積み木には色々な色が付けられていたが，それと関係する行為は観察されなかった。これらの行為が確認できたことは，先に触れた先行研究における，形状の違いによる展開の違い（石賀，2009）や特別視された積み木が生起する可能性を示した山本（2011）の知見，村松（1999）浅川（2007）らの3歳児に相互行為があるとする知見を支持する可能性を示す。本研究では，これらの先行研究が可能性として言及したそれぞれの知見について，学級の1年間における行為者の行為を微視的に観察することによって，先行研究が提出していない過程を明らかにする。

4-3. 結果

　事例1〜15における積み木場面に登場する幼児の行為を取り出し，活動の質の変化を概観したものが Table 5 である。「⑦言語によるイメージの伝達」「⑧他者にイメージを確認する」といった行為は，個人差はあるものの全体的に後半にみられる行為であることが明らかになった。事例を含め，分析の結果，6〜7月，9〜2月，3月の3つの時期に分けられた。

4-3-1. 目的の出現と相違の時期（6月〜7月）

　観察初期にみられた積み木場面では，崩れるときに歓びを表す声が聞かれた。そして崩れても歓びを表す声をあげる子とあげない子，それまであげていた歓びを表す声をあげなくなった子などの相違と変化がみられた。なお事例中の＿＿＿は，構造物の変化を表し，□は，構造物の変化に対する行為を表す。

50　第Ⅱ部　3歳児積み木場面の実証研究

Table 5：積み木遊びの活動の質の変化（幼児名は全て仮名）

事例No／児童名	ジン	メグ	タカシ	ソウ	サトシ	アキラ	カズキ
1		③					
3	⑤① ⑤		①⑤①				
2							
4			④①	⑦① ⑩①			
5	④①			①④ ①	①		
6				①			
9				⑥④ ⑦			
7				⑥			
8	⑦① ⑥			①			
10	⑦⑩			①⑥	①⑤		
11	⑦					⑦	
12	⑧⑩ ③						①⑩⑨
13	⑦① ③	④①					
14			①			①⑪⑦	
15			①⑪			①⑪	

目的の出現と相違の時期（6〜7月）

イメージの表出と共有化へ向かう時期（9〜2月）

協働の時期（3月）

第4章　3歳児積み木場面の1年間の変容過程　　51

事例1：崩れに歓びを表す声があがる事例　　　　　　　　　　　　6月14日

　ソウ，メグ，タカシ，ジンが積み木箱からコルク積み木を出し積み上げている。積み木はジンの頭の高さまで積みあがっていて，メグには高すぎて，積み木を持ち上げてはみたもののその手は届かない。そんなメグがふと下を見ると，下から二段目ほどに積まれた積み木の一部が外に飛び出している。メグはそこに足をかけた。足をかけて，高くなった積み木の上に手を伸ばす。二段目から少しはみ出ていただけの積み木には安定感がなく，メグが足をかけ体重を乗せ始めた瞬間に，積み木は大きく崩れていく。崩れた側にはジンが積み木を載せようと立っている。崩れた瞬間，ジンは「キャーワァーア！」と歓びを表す声をあげ，両足でジャンプしてみせる。メグはそんなジンの側で，にやりと少し笑ったような顔をしたが，ジンに顔を向けるでもなく，直ぐに先と同じ手順で積み上げ始める。

　積み上げている時のジンやメグの表情は心地よさを表しており，積み木の操作に関わる行為に迷いはみられず，一定のテンポで積み木を持っては積み上げることを繰り返していた。事例1の構造物の変化は，そのようにして積み上げ続けた結果として積み木が高くなり，積み上げられなくなったメグが，これまでの積む行為とは異なる積み木の上に乗るという行為をした時に発生している。ここで発生した変化は「崩れ」であるが，崩れに対するジンの行為は事例中□□□□内のように，歓びの声をあげるというものであった。

事例2：崩れに歓びを表す声があがらなかった事例　　　　　　　　6月24日

　メグはホールでコルク積み木を積み上げようとしていた。そこへジンが来た。
ジン「積み木やろ」
　2人で積み上げるが崩れる。
メグ「あー！（歓びを表す声）」
　ジンはにやりと少し笑い顔になる。
　積み木は崩れながら転がる。
ジン「あー！（歓びを表す声）」
メグ「あー！（歓びを表す声）」

---

52 第Ⅱ部 3歳児積み木場面の実証研究

　また，事例2では両者ともに，事例中□□□□のように積み木が崩れた時に歓びを表す声をあげている。「崩れ」は積み上げる目的に反する出来事である。なぜ，せっかく積み上げたものが崩れているというのに，飛び跳ねるほどの歓びを表す声があがるのであろうか。

　事例1と2に続く時間の中で，積み木の崩れを受け入れられなかった時，歓びを表す声をあげなかった時があった。その出来事から，この頃の幼児は「崩れる」ことをどのように捉えたのかを考察する。

事例3：身体による拒否表現がみられた事例　　　　　　　　6月14日

　ジンとメグのコルク積み木が崩れ，ジンが歓びを表す声をあげている間，タカシは一人積み木を積んでいた。タカシのものは，ジンとメグのものとは違い，横に広がっていてその上に積み木が積み上げられていて，上部には三角柱の積み木が積まれていた。高さは無かったが，ふとその一部が崩れてしまった。その瞬間，メグが積む積み木の方を向いていたジンが振り向き，タカシを見て，少し崩れたタカシの積み木を残らず崩し始めた。その様子を見たタカシもまた，残すことなく崩し始める。そして，ジンはメグとの積み上げを再開し，タカシは崩した積み木の場所に再び積み木を積み上げ始める。

　突然，ジンが積み上げの手を止め，タカシの積み木を崩し始める。タカシは手を止め，ジンを見ている。ジンはすべてをばらばらに崩し，タカシを見て，目をそらし，背を向けた先に積みあがったメグとの積み木を全て崩し始める。メグは積んでいる途中でジンに崩されたのだが，特に反応することもなく，ジンが崩し終えて平らになったところにまた積み木を積み始める。

　タカシは，今度はジンとメグに背を向けて積み上げ始める。

第4章　3歳児積み木場面の1年間の変容過程　53

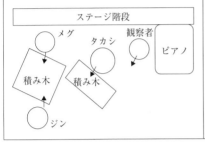

Figure 11：事例1における
各自の身体配置

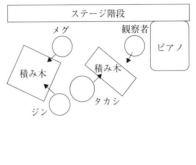

Figure 12：事例3における
各自の身体配置

　タカシは二度にわたって，積み上げた積み木をジンに崩されている。一度目は何らかの理由で崩れた後に崩され，二度目は崩れる兆候がない中で突如として崩されている。タカシは，一度目は自らも参加して崩していて，ジンの崩しを容認している。しかし二度目は，崩された後にジンに背を向け，ジンの崩しを受け入れていない様子が伺える（Figure 12）。

事例4：崩れに対する拒否反応がみられた事例　　　　　6月24日
ソウ「一緒に作ろう」
　メグ等が積み上げている様子を見てソウが「あーあぶないよう」と言うと，コルク積み木は崩れた。
―中略―
ジン「また積もうか」
メグ「うん」
　積むことを確認し合った2人の横でソウが，目に近づくほどの高さに積んでいた。気づいたジンが，ソウの方へ積み木をもって近づき，ソウが積んでいるその

上へ積もうとする。

ソウ「やめてよ（ジンに向かってそう言うと体を使ってジンを積み木から遠ざけようとする）」

　ソウがジンに対している隙に，カズキがソウの背後に積み木を持って近づき，ソウが積み上げている積み木の上に積もうとする。ソウがそれに気づき，今度はカズキに止めるよう詰め寄る。その間に，ソウの拒みによって積み木から遠ざかっていたジンが積み木へと戻り，カズキに対しているそうの背後で，手にしていた積み木をソウの積み木の上に置いた。積み木はその瞬間に崩れてしまった。ソウはその音に気づき，崩れていく積み木を見ながら 「やー」と言う 。 嫌そうな顔 ， がっかりしたような表情 をしている。

　積み木が崩れた時，ソウは歓ばなかった。なぜジンは崩れに歓び，ソウにはそれが受け入れられなかったのであろうか。

　その要因を，二人が先に発した言葉から考察することができる。ジンは「積もう」と言っているのに対し，ソウは「作ろう」と言っている。つまりジンにとって，この場面では「積むこと」が目的なのであり，それは個数が限られている積み木遊びにおいては崩れることによって始まるのである。よって積み木が崩れることは，ジンの遊びの始まりと持続にとっては必要不可欠な事となる。それに対しソウの方は「作ろう」と言って積み上げている。そして，崩れそうになっている積み木を見て，「あぶない」と言っている。ソウが，崩れることに対して否定的な思いを持っていることがうかがえる。

　これらのことから，崩れたときの反応や意識の違いは，積み木に対する活動当初の目的の違いから生じている可能性が推察される。

　そして事例4までは，崩れるたびに歓びを表す声を上げ，積み上げてはまた崩れて歓びを表す声を上げていたジンも，事例5のように崩れていくのをじっと見ていた時があった。

第4章　3歳児積み木場面の1年間の変容過程　55

事例5：構造物に対するイメージを発話する　　　　　　　　**6月24日**

　ジンが積み上げ始めたコルク積み木は，ソウが積み上げていた積み木の高さか
それよりも少し高いくらいになる。

ソウ「ゴーカイジャーだ！」（特撮テレビドラマのヒーローの名）」

ジン「ゴーカイジャー！」

ソウ・ジン「ゴーカイジャー！ゴーカイジャー！」

　その隣りで，メグとサトシが積み木を積み上げているが崩れてしまう。

ソウ・ジン「ゴーカイジャー！ゴーカイジャー！ゴーカイジャー！（積みあがっ
た積み木を眺めながら飛び跳ねている）」

　サトシがその"ゴーカイジャー"に，更に一つ積み木をのせようとし，崩れる。
ジンとソウは「わー」と言って，崩れるのを飛び跳ねていた位置から立ったまま
見ている。どんな声も発することなく見ている。ジン，ソウ，サトシ，メグはま
た積み木を積み上げ始める。

　事例4に挙げたような経緯で崩れた積み木を，ジンは何も発することなく，
即座に崩れなかった下部から積み上げていった。その積み木がジンの背丈よ
りも少し高くなった時，二，三歩離れた所で見ていたソウが「ゴーカイ
ジャーだ！」と叫んだ。その声を聞いた後，ジンも「ゴーカイジャー！」と
叫ぶ。それは積み上げたものに対して名付けられた瞬間であった。ジンの歓
びを表す声は出来上がったゴーカイジャーに向けて起こり，その後崩れた時
には起こらなかった。

　崩れた時の「やー」と言ったソウの表現（事例4）を境に，積み上げるこ
とのみを目的として積み上げ続けたジンの目的は，積み上げることへと変化
したように思われるが，その関係を正確に言及することはできない。ただ，
ジンの様子をモニターしていたソウに「ゴーカイジャーだ！」と名付けられ
た後，崩れる前の積み木にジンの歓びを表す声はあがり，そしてその歓びを
表す声が，積み木が崩れた時に止んだのは事実である。ジンは，積み上がっ
たものに対して生まれたイメージを共有し，歓びを表す声をあげたのであっ
た。

56 　第Ⅱ部　3歳児積み木場面の実証研究

　積み木を積み上げると起こる，崩れという構造の変化に対する楽しみ（事例1・2）から，積み上げた構造物への期待（事例3）や，積み上げた形体にイメージが浮かび（事例4）出現する積む目的が，遊びを展開させている。

4-3-2.　イメージの表出と共有化へ向かう時期（9月〜2月）

　崩れに対する歓びを表す声のあがる頻度が減少した後は，積み木が崩れて歓びを表す声をあげる様子は見られず，「違う」などの拒否を示す言葉が多く聞かれる時期になった。また，積み木の形を選択して積み上げるという様子もみられた。次の事例6と事例7は形を選択する様子がみられた事例である。事例内の□は，イメージの表出がみられた行為を，〰〰は行為の出現に関係したと考えられる構造物に関する場の変化を示す。

事例6：選んだ積み木を積み上げる　　　　　　　　　　　9月13日

　ソウが立方体の積み木を二つ並べて置く。ジンがソウの隣に来て座る。

　距離を置いて見ていたカンタ（5歳児）がソウの前に立ち，落ちている積み木を拾って，ソウが並べた積み木の上に積み上げていく。ソウとジンは二人，並んで座ってそれを見ている。カンタは立方体のみを拾って積み上げる。4段積み上げたところで，下に落ちている積み木の中に立方体が無くなり，あたりを見渡し始める。

　カンタは5歳児であり，ソウとジンより二つ学年が上になる。そのカンタが，積み上げる際に，「立方体」のみを選択し始めたのであった。ソウとジンも，このカンタの行為を見て，この後立方体を探し回る。

事例7：構造物の安定を図る　　　　　　　　　　　　　9月14日

ソウ「こうやって。」

　ソウは立方体二つと長方体一つを床に並べ，それぞれを繋ぎ合わせ，隣りに落ちていた長方体一つを拾って上に積んでいる。そしてその隣りに落ちていた小さな立方体のウレタン積み木を，二段目に置いた長方体のコルク積み木の上に置く。しかしコルク積み木よりウレタン積み木の方が大きかったために，左右が浮いて

第4章　3歳児積み木場面の1年間の変容過程　　57

しまう。
ソウ「あ，ちょっと待って」
　ソウはウレタン積み木と二段目のコルク積み木を下に下ろし，一段目の横に置く。

　ソウは「こうやって」と，積み上げの順番を意識している。また，置いた瞬間に不安定であることがわかった時には直ぐにやり直しをしている。このことから，安定する積み方があることを理解していること，それを実行させたいと思っていることがわかる。

事例8：操作の限界を体験する　　　　　　　　　　　　9月20日

（ジンは登園するなり「ロボットを作る」と言っていた。ホールでは保育者も入りおうち作りが進められていたが，ジンの言葉を聞いていた保育者は，おうちとは少し離れたところで，ロボットが作れるスペースを空けるなどしてジンの遊びを支えていた。）
　ジンが両手でウレタン積み木を抱え持つが，ふらつく。ジンは側にいたアキラに持って欲しいことを伝えるが，アキラは拒否する。ソウがジンのウレタンを支える。ジンが積み木から手を離す。ソウはステージ階段上に座って積み木を膝の上に乗せ，下の方へと持ち手の場所を変えて持つ。ソウは立ち上がって肩に乗せて持ち，先に積んだ立方体の積み木の上に横にして積む。
　ジンは，下に落ちていたウレタン積み木の大きなものをひざまで持ち上げ，それまで積み上げたウレタン積み木の上に乗せようとするが，その高さまでには持ち上げられずその場に落とす。隣に落ちていた立方体の小さいコルク積み木を持ち，ソウが置いたウレタン積み木の上に積む。
　アキラが来て，ジュンペイが運んだ大きくて薄いウレタン積み木を頭の上に持ち上げ，ジンが置いたコルク積み木の上に積もうとする。
　ジンが長方体のコルク積み木を拾い上げて，アキラより先に自分が置いた立方体の積み木の上に置く。ロボットと言いながら積み上げた積み木は背丈の高さになる。アキラが頭の上に乗せていた積み木を頭から下ろす。
ジン「わぁわぁわぁわぁ，こんなに大きいよ。」
　ジンがロボットを見て，そして隣りに立っていたアキラを見て言う。
保育者「ロボットできた？」
　ジンがロボットの周りを歩いて一周する。

58　第Ⅱ部　3歳児積み木場面の実証研究

　ウレタン積み木は，3歳児にとっては大きく重いため，持ち上げられない
以上は積み上げ続けることができない。高く積み上げたいという何かしらの
目的があり，かつ安定を図りながら積み上げる技術が伴った時，次に積み木
の重さに対応する持ち方を習得していくなどの必要がある。そして持ち上げ
られない場合，そのことが理由となって，積み上げる積み木の重さによる選
定が行なわれ，それでも積み上げが不可能になった場合，終了となって完成
の形体が決定することもある。ジンはこの時，最終的にはウレタン積み木よ
りも軽くて小さいコルク積み木を積み上げて完成させている。

　またこの事例では，背丈の高さになることが完成となっている。自分の背
丈以上の高さに積み木を積む場合，踏み台が必要となってくるのだが，踏み
台を用いる姿はみられなかった。このような形に対する選択行為は，積み上
げた物に対する期待やイメージを持つからこそ起こる。積む前に，積み上げ
る行為により形成されていく構造物をイメージしているからである。

　次に，イメージの表出にかかわる行為の順番について着目する。

事例9：イメージの表出　　　　　　　　　　　　　　　　　　9月13日
　（ソウが立方体のみを積み上げ始めたところに，サトシが来て一緒に積もうとす
る。）
　ソウは立方体かその高さを半分にした大きさの立方体のみを2列にして積み上
げる。そこにサトシが長方体を持って現れて，ソウが置いた立方体の上に置く。
ソウ「違うよ。ゴーカイジャー作ってんの」と言って，サトシが置いた長方体の
積み木をはねのける。

　先に挙げた事例5では，ジンが積み上げた物を見ていたソウが「ゴーカイ
ジャーだ！」と構造物を名付け，イメージを付与している。「積み上げ」→
「形体への俯瞰」→「イメージの言語化」→「目的」の順である。それに対
して事例9では，「目的（イメージ）」→「積み上げ」→「イメージの言語化」
→「積み上げ」と，行為の順番が変化している。他者が加わり，自分の意図

第 4 章　3 歳児積み木場面の 1 年間の変容過程　59

しない形体へと積まれていくことが見えた時，友達に伝える必要を感じてイメージを言語化して表出させている。

事例 10：イメージを知らない途中参加者による崩し行動　　　　9 月 16 日

　（ホールでは，ジンとソウが積み木箱の横で積み木を積み上げ始めた。途中，カズキとミユがやってきて「おうちを作ろう」と言うが，ジンは「だめ。がしーんと大きいの作るの」と言って二人の参加を拒む。ジンが二人と対峙している間，ソウは立方体のみを積み上げていた。そこにサトシが来て，ソウの積み上げに加わり始めた。）

　サトシは長方体を拾ってソウが積んだ上に積み上げる。

サトシ「あ，できた」

　サトシが立ち上がって眺める。

　ソウは積み木箱に向かい，積み木を選ぶ。ジンがソウとサトシの間に来る。サトシが積み木を蹴り上げる。積み木が崩れる。ソウが積み木を一つ手にして振り返ると，サトシが蹴って崩している。ソウは手にしていた積み木を落として後ずさる。サトシが下に落ちた積み木を蹴る。

ジン「だめだよ」

　サトシに向かって言う。サトシが走り出す。走って B 組へと戻っていく。

　ジンとソウには共通のイメージがあった。それはジンが途中で「おうちを作ろう」と言って加わろうとしたカズキとミユに対して「がしーんと大きいの」と言語化して表出したことによって，明らかであった。しかしそこにサトシはいなかった。サトシは二人のイメージを理解しないまま，加わっていたのである。そして先に加わろうとしたミユとカズキの「おうちを作ろう」のように，サトシの思いは外化されていない。つまり，サトシの思いには誰も触れておらず，理解できていない状態だったのである。結果，ソウが積み上げを続けているにもかかわらず，サトシが「できた」と発している。ここに目的の相違があったことを確認できる。そしてソウとジンにとっては思わぬ時に蹴り崩されたため，ジンが「だめ」と言って，積み上げの終了が余儀なくされることにつながったのだった。

　その後の積み木遊びでは，次の事例 11 の様に「イメージの言語化」→

60　第Ⅱ部　3歳児積み木場面の実証研究

「積み上げ」の順に積み木遊びが進行している。

事例11：イメージ表出後の積み上げ行動　　　　　　　　　　　　　　　9月28日

　その日一番に登園したのはアキラであった。登園したアキラは何度か積み木の
あるホールと，自分が所属する保育室とを行き来していた。
　ソウ，サトシ，タカシ，ケンスケ，ジンが登園し，朝の身支度に取り掛かり，
しばらくはホールと保育室を行き来していた。が，その後「ロボットがない」と
いう声があがり，「船を作ろう」という声があがった。以前作られたロボット（9
月20日）はゴーカイジャーで，そのゴーカイジャーには乗るところが付いていた。
その時の"ゴーカイジャーの船"を作りたいとのことであった。

　積み木を積み上げる前に「船を作ろう」という声が上がり，その後に積み
木が積まれている。イメージが表出する前は，幼児は積み木を積んでいない。

事例12：イメージの提案と調整　　　　　　　　　　　　　　　　　　11月4日

　（ホールでは，カズキとマイが積み木を積んでいる。そこにジンが来る。最初ジ
ンは，ジンが遊ぶ積み木であることを主張し，その後，一緒に「船」を作ろうと
提案し始める。）
　カズキは自分の積み木を積み上げながら，ジンに何かつぶやく。
ジン「ううん。違うよ。ううん違う違う違う。」激しく首を振りながら言う。
ジン「い？い？い？い？い？」積み木を手にしたまま言っている。
　カズキは隣で自分の積み木を積み続けている。ジンは「い？」と繰返し言いな
がら座った姿勢で足を前に投げ出し，後ろに手をついて，上の方を見ている。カ
ズキは何も言わずに加わった4歳児のナオヤと共に，積み木を積んだり並べたり
している。
ジン「ゴーカイ船をつくろう」
　ジンは再びカズキに伝える。カズキは今度はじんの顔を見て「船」と言う。ジ
ンはさっとカズキに背を向け，カズキが作った積み木をまたいで「船」と言い，
またカズキの方に向きかえって「船を作ろう」と言い，再びカズキに背を向けて
積み木をまたいで座り「ゴーカイ船を作ろう」と言う。カズキはその様子を，だ
まって見ていた。
ジン「やったー。船。船。」
　カズキは積み木を探し始めた。ジンの積んだ積み木に目をやり，次に積み木箱
の中の積み木に目をやって，積み木箱の方から積み木を取り出し始めた。

> ジン「(積み木に座り，万歳をしながら) やったー。船。船。」
> 　ジンが足を乗せたところの積み木が一つ崩れる。
> ジン「あ，壊れちゃった」
> 　カズキが積み木箱の方から来て，崩れた積み木を積み上げなおす。
> ジン「(両手を挙げながら) やったー。船。船。ふねー。」

　ジンより先に登園していた，ジンとは別の3歳児クラスのカズキが既に積み木を積み上げているところに，ジンが来た場面である。ジンが来た最初の頃，カズキはジンの提案に対し，ジンの「違うよ」という返答を生む内容の話（聞き取り不可）をしている。その後一度は足を投げ出し，あきらめたように見えたジンであったが，再び「船をつくろう」とカズキに伝え続けた。その後のカズキは言語化した返答を一切行なっていない。ジンが「やったー」と反応していることから，何らかの意思疎通があったのかもしれないがそれは推測の域を越えない。しかし，ジンが崩した際，カズキがその修理（積み上げなおし）を行なっていることから，ジンの行為に応える関係が生まれていると見ることはできる。そしてこの時期のジンからは，積み木の積み上げに参加する前に，作りたいイメージを表出させて理解を得ていくことが必要になっている様子が見られる。

事例13：イメージの宣告と受容　　　　　　　　　　　　　　2月29日
　ジンが積み木箱に入れられた積み木の上に座っている。そこにメグが走って来る。
ジン「××の家だ×× (聞き取り不可)」
メグ「いいよ。いいよ。」
　メグは両足でジャンプして応える。
メグ「××つくろ。一緒に。」
ジン「仮面ライダー××」
　ジンがつぶやくように言っている。

　この事例は，ジンが誰よりも先に積み木箱にいた事例である。積み木を見

てもすぐには積み上げてはいない。また，積み木に向かって来たメグに，「××の家だ」と積み木を積む前にイメージを表出している。

この事例 13 のように，事例 6 ～事例 12 までの期では，積み上げに対する技術が高まり，よりイメージを実現させようとする姿が観られた（事例 6・7）。一方で，技術的なことや体力的な制約が積み上げの完成と次への展開の可能性を生んでいた（事例 8）。また，イメージを保持したままでの遊びは，個数が限定されている積み木場面では他者によって中断や終了を余儀なくされる恐れから（事例 9・10），イメージを表出させたり，他者のイメージの確認を行なったりした後に積み上げる（事例 11・12・13）という変化がみられた。

Figure 13 は事例 5，事例 9，事例 11 にみられた行為と構造を出現順に並べたものである。順番に変化が起こっていることがわかる。

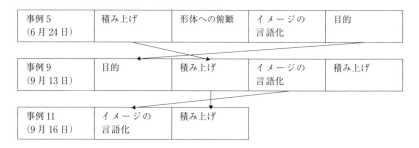

Figure 13：事例 5 ～ 11 における行為と構造の順

4-3-3. 協働の時期（3 月）

4-3-1，4-3-2 では，遊び方は目的や操作によって変化し，目的に向かって積み木を構築する必要性の発生により，イメージを外化させる時期に変化が生じたことを述べた。その後のイメージを伝えて始めた積み木場面では，積み上げの中での関係に役割が生じていく様子が観られた。事例内□は，役を伝える発話と役を担う行為を，〰〰は行為を発生させた他児の行為を示す。

第4章 3歳児積み木場面の1年間の変容過程　63

事例 14：分担の提案　　　　　　　　　　　　　　　　　3月7日

アキラ「さ，つくるぞ」

　アキラが一番上の積み木を一つ取り，床に置く。タカシはその横の大きな積み木に手をかける。

アキラ「おれにかせ！」

　アキラはタカシが手をかけた積み木を取り，持ちあげて，その前に床に置いた積み木の先に，横に並べるようにして置く。タカシはアキラが持った積み木の下に置かれてあった積み木を持ち，アキラの前に行って差し出す。アキラはタカシの積み木に手をかけてた後，「縦。縦」と言う。

　タカシは手にしていた積み木をアキラに手渡す。

　アキラが積極的に自分の思いを伝え，タカシの積み木を指示して操作する中で，次第に積み上げの方法や完成をイメージする構造物に対してリードしていく役割がアキラに生まれ，タカシはアキラの思いを請け負う役割を担い始める。

　次の事例15は，積み木を横に並べ，場の囲みを作っている場面である。左から並べる者と右から並べる者という役割分担を行うことによって，完成までの効率化が図られている。積み木を積み上げるだけではなく，その後の遊びの一部分となるような行為もみられる。

事例 15：場を俯瞰してみる　　　　　　　　　　　　　　　3月8日

　アキラが，箱から積み木を取り出し，タカシが置いた積み木の先に置こうとする。

アキラ「あー××（聞き取り不可）。おれ，こっちだ」

　アキラはタカシが置いた左側ではなく，右側に積み木を置く。

―中略―

　タカシは手にした積み木を左側に並べに行く。アキラが箱に戻り，積み木を一つ取って，右側に並べる。並べるとダンボールと布で囲まれた場に向かい，タカシが並べた側のダンボールに手を添えて，タカシの方を見る。タカシが箱に戻り，積み木を一つ取って，左側に並べようとする。

64 　第Ⅱ部　3歳児積み木場面の実証研究

　事例14のアキラや事例15のアキラとタカシは，事例13までの行為者の様子とは異なり，積み木が積まれる状況を俯瞰してみる行為がある。実際，イメージの共有化が図れているかは，発話や行為からは明らかではないが，他児との積み上げにおいて場を俯瞰することは，イメージの共有化が図れるだろうという予想や期待がなければ生じえない。共通イメージを持ち，協働して遊べることへの期待が，その構造物全体を俯瞰することに繋がり，そのことが，役を告げる発話と分担の行為につながったことが考えられる。

4-4.　考察

　本章では，保育室の遊具の一つとして設置されている形状がシンプルな中型積み木に対し，3歳児がどのように出会い，遊びを通して何を体験し，他児と協働していくのか，その過程を，日常の保育でみられた幼児の行為と積み木の構造物の変化から分析を行った。

　観察学級の6月頃には，崩れに対して歓びを表す声をあげる姿が観られた。これは軽やかに崩れるウレタン製やコルク製の積み木であったことも一因になった可能性がある。木製の大型積み木では，崩壊に伴う音や衝撃は増すことから，不快感を引き起こす出来事になる可能性は考えられる。

　歓びを表す声があがる時は，積み木を「積み上げること」自体が目的となっているように見えた。一つの物として見ていた積み木に何らかのイメージが付与された時には，形の消失を起こす「崩れ」は，遊びの継続を妨げることになる。イメージの発生によって，参加者の価値は「崩れ」より「積み上がる」ことに置かれるようになる。

　そして積んだ後にイメージを言語化すると他児によって崩されることから，積む前にイメージを伝える姿がみられた。これは次のものを作るためには崩さなければ積めないという，積み木場面固有に見られる行為である。イメージの共有化へ向かう過程においては，「⑦言語によるイメージの伝達」は多

く見られたが，「⑧他者のイメージを確認する」「⑨イメージを受け入れる」ことは「⑦言語によるイメージの伝達」ことほど見られなかった。これは 3 歳児という年齢的特徴ではないかと推測される。

　藤崎・無藤（1985）の，3 歳児もテーマを共有する時は同時に同じエピソードを展開させることがあるという知見は，筆者が参与観察の中で得られた，イメージを共有させていく事例と一致していた。本研究においても，イメージを言語化して外化する行為が繰り返し行われていく様子は確認できた。例えばジンは観察期間中に最も多く積み木遊びに参加したが，「イメージの表出と共有化へ向かう時期」では，イメージを言語化して外化する行為をし続けている。この言語化して外化する行為の連続が，本人のみならず周囲の参加者の変化をも生む要因となったのではないか。この幾度もみられたジンのイメージ表出行為のそれぞれに違いを見つけるなどして，より詳細に過程を見ていく必要がある。

　また年度の終わりごろには，役割を分担するなど協働して遊ぶ姿が観られた。これは積み木の積み上げ自体がそれほど複雑ではなく，むしろ単純作業であることにも要因がある。積み木遊びは役割分担を生みやすい遊びの一つと言える。とはいえ，役割が生じた要因と過程についてはより多くの分析が必要である。

　以上のように，3 歳児積み木場面の一年間を積み手の行為と積み木の構造物の形態の変化に着目し，分析を行なったところ，行為に時期的変化がみられた。行為の変化は，個と積み木との関係から積み木を媒介して個と個の相互行為へと変わるというものであった。そしてその変化に，崩す行為などによって生起する，積み木の崩れが関係している可能性が示唆された。崩れるという形態の変化は，凹凸の無い積み木に特徴的にみられる変化である。よって次章からは「精査」的（Blumer, 1986）に，積み木場面のうち，積み木の崩れ場面に焦点化して分析対象とし，崩れ後の生起に違いがみられた歓びを表す声をあげるという行為と崩れ後に生起する行為について着目した分析

66   第Ⅱ部　3歳児積み木場面の実証研究

を行なう。本章の結果から，積み木の崩れという構造物の変化は，積み木に関するそれまでの行為の結果の消失を意味するものの，行為者間の相互行為の促進と関係していることが想定される。そのことを次章である第5章において検討する。

　そして第6章において，保育者の参加が3歳児積み木場面にどのように関係しているのかについての検討を行なう。これは本章にて先に述べたように，イメージを外化することはみられたものの，外化とイメージを確認すること，受容することは同数ではなかったという結果を受けての研究である。つまり，3歳児積み木場面が継続的に行われるとするならば，保育者は確認や受容といった行為を代行するか，3歳児にそれらの行為を促進するという援助を行なっている可能性がある。このことを第6章において検討する。

第5章 「崩れ」に伴う応答と行為に関する検討

5-1. 問題と目的

　3歳児積み木場面の1年間の過程を検討した第4章では，積み木に対する積み上げ行為の変化から，「積む目的の出現と相違」「イメージの表出と共有化へ向かう」「協働」の3つの時期区分ができ，その行為の変化は積み上げた積み木による「崩れ」をきっかけに起きていることを指摘した。また，「崩れ」にしばしば歓びを表す声があがることを確認している。よって本章では，幼稚園3歳児積み木場面において，積み上げた積み木が崩れるという構造の変化が行為者に及ぼす影響を検討することを目的とする。

　積み木の崩れに関する研究は少ないが，保育雑誌の中において，積み木の崩れや崩す，壊すことに関し述べられた幾つかの記事を見ることができる。矢野（2005）は，幼児の積み木遊び場面における崩し行為の存在を例示したうえで，「しかし，この破壊する否定の力に遊びのダイナミックスがあり―中略―有用性の世界を突破するもの」[33] であると言及している。岩田（2004）は，3歳児の後半では，積んでは壊すことを楽しむ様子がみられると言い，崩れを楽しむ幼児というのは，「バランスをとりながら高く積んでいく緊張のあとに，積木がバランスを失って一挙に倒れるという開放の感覚を楽しんでいる」[34] と捉えている。また村石（1989）は，「保育環境としての玩具」についての考察の中で，3歳児1学期ごろには友だちが積み上げたものを壊す子もいて，「若しかしたらその子どもは壊すという行動をしながら友だちとのかかわりを持とうとしているのかもしれません」[35] と述べ，崩し行為を肯定的に評価すると共に，「崩す」という積み木に対する行為が社会的な性

68 第Ⅱ部 3歳児積み木場面の実証研究

格を持つ行動である可能性を示唆している。以上の知見はいずれも，幼児の積み木場面ではしばしば積み木の「崩し」行為が生起することと，行為の結果としての産物を無くすことを意味する「崩れ」も，幼児の積み木場面においては肯定的に評価されるべきものであることを伝えている。特に岩田（2004）と村石（1989）は，3歳児の崩し行為を肯定的に捉え，村石（1989）については積み木の崩れが育ちと関係していると言及している。崩しが自己の開放を意味するならば，同時にその場が幼児にとって安定していて安心できる場であることを意味することになる。また前述したように幼稚園の3歳児は，保護者以外の他者に世界が広がる時期でもある。その時期に，友だちとの関わりの手段として積み木の崩れという特性が利用され，表現されているならば，積み木という教材が育ちに及ぼす効果は大きいといえる。

その他，積み木が育ちに及ぼす影響について述べた石賀（2009）は，固定されるような凹凸のある形状の積み木と，固定できない形状の積み木との積み上げの比較より，固定できない形状の積み木の方が相互行為を促進したとの結果を示している。また，山本（2011）による積み木を対象とした研究では，「崩れ」に関わる分析はなされてはいないものの，他の教材よりも積み木は相互行為に影響があると示唆した。山本（2011）の知見からは，幼児はどの積み木も一様に等しく見ているのではなく，遊びの過程で特別視された積み木が生まれていることが推察された。よって，「崩れ」によって構造物から分離した積み木が，幼児に特別な意味をもたらし，相互行為を起こすきっかけになっている可能性はある。

このように，保育の実践においては，幼児の積み木に対する崩し行為は注目されており，崩し行為に対する意義も認められている。そして，積み木が崩れるということが，幼児の行為に変化をもたらすことも言及されている。しかし，これらの先行研究においては，積み木の「崩れ」が発生する過程やその後の行為との関係についての詳細な分析は行なわれていない。

そこで本章では，積み木に対する行為の変化の要因となった積み木の「崩

れ」に着目し，(1)どのような場面において歓びを表す声があがる等肯定的な
応答が生起するのかという事(2)崩れという物的な環境の変化が3歳児の積み
木場面にいかなる影響を及ぼすのかという事の2点についての検討を行なう。

5-2. 方法

「5-2-1. 研究協力者」「5-2-2. 期間・時間」「5-2-3. 観察方法」につい
ては第3章で述べた通りであり，以下の通りである。

5-2-1. 研究協力者

東京都内私立A幼稚園で観察を行なった。
　2011年度観察時3歳児は26人（男児11人女児15人）
　2012年度観察時3歳児は27人（男児15人女児12人）。

5-2-2. 期間・時間

2011年4月18日～2012年3月15日（内68日間）
2012年9月4日～2012年11月6日（内24日間）
登園（9時頃）～昼食開始（12時頃）または降園（14時頃）までの時間

5-2-3. 観察方法

　2011年度4月は園の保育を参観し，5月から観察を行なった。2012年度
は，A幼稚園で改修工事があり，3歳児が積み木に触れることができた9月
から観察を行なった。観察中にメモとビデオカメラ撮影を行なった。記録は，
観察中の筆記記録とビデオ記録を基に作成した。

5-2-4. 分析方法

　積み上げてから崩れまでを一つの事例とした。「崩れ」は積み上げられた

70 第Ⅱ部 3歳児積み木場面の実証研究

構造物全体の崩れの他，1ピースの崩れも「崩れ」として含めた。「崩れ」に対する応答とその後の影響を，発話や表情，選択された行為から検討した。また先行研究から，他者との関係が予想されることから，他者に向けられた視線に着目し分析した。

5-3. 結果

崩れの内容は Table 6 に示すように，全43事例中，歓びを表わす声や笑い等の，肯定的な応答が生起した事例が13事例あり，それ以外の様子（否定的な表現が出る等）は30事例あった。

Table 6：行為者の応答と崩れの理由

行為者の応答	事例の個数	崩れの理由	事例の個数
肯定的な応答	13	構造上の問題による崩れ	5
		期待予期に基づく崩し	5
		高く積み上げることの限界と期待予期に基づく崩し	1
		個数確保のための崩し	1
		積み上げ完了による崩し	1
否定的な応答等	30	構造上の問題による崩れ	9
		目的に反して積み上げられた積み木の崩し	8
		一部分が崩れた後の崩し	5
		偶然的接触による崩れ	4
		内容不明（発話も表情もなく意図が読み取れないもの）	3
		目的に反して崩された積み木の崩し	1

第5章 「崩れ」に伴う応答と行為に関する検討　71

5-3-1.　崩れに対し肯定的な応答が表される場面

　崩れに対し肯定的な応答が表される場面は，「構造上の問題による崩れ」「期待予期に基づく崩し」「高く積み上げることの限界と期待予期に基づく崩し」「個数確保のための崩し」「積み上げ完了による崩し」という内容による崩れが発生した時であった。しかし，この内容の崩れであれば全てに肯定的な応答があったという事ではなかった。そこで以下で一つひとつの事例における行為を分析した結果，目的の有無に関わっていた場面と目的の内容に関わっていた場面の二つに区分されることが明らかになった。

(1)崩しと目的の有無

　事例1は，崩しに対し肯定的な応答がみられた事例である。事例中<u>（下線）</u>は崩れに関わる行為，□は崩れ後の様子，(波線)部分は「肯定的な応答」を表わす。

事例1：積み上げの完了による崩し　　　　　　　　　　　　**11月6日**

　エリは床からコルク積み木を拾っては上へ上へと積み上げている。ワカコはウレタン積み木の上に登り，その上でしゃがんで，手の届く範囲で床から積み木を取り，エリの積み木の列の隣の列に積み上げている。―中略―ワカコが最上部に手をかざし，エリに向かって四角の形を両手で空中に書いて見せて何かを言葉にして伝えている（聞き取り不可）。エリは再び床に視線を落としながら辺りを見回し始める。ワカコは腰に手を当てて，エリを見る。残りの立方体や直方体は，少し離れた所で積み木を積み上げているチエ（4歳児）とアミ（4歳児）が使っていて，床には三角柱以外は残っていない。

　ワカコはその場（ウレタン積み木の上）に立ったまま，積み上げた積み木に手をかけて腰をかがめて，エリと同じ目の高さになり「できたー」と言う。エリはワカコを見ながら，両手を挙げて「できたー」と言う。エリが両腕を上げたまま，積み木とワカコに近づく。ワカコも両腕を上げている。二人は両腕を上げて5回ほど小さく上下する。<u>ワカコが二列目を右足で蹴って崩し</u>，□エリを見る□。<u>崩れたのを見てエリは右足で蹴り崩す。エリの右足とほぼ同時にワカコが左手で叩いて崩す。</u>□エリはワカコの顔を見て□<u>（波線）「わはははは」と笑う</u>。積み木は下部まで残らず

全て崩れ落ちたが，ワカコはその場にしゃがんで，自身の直下に崩れ落ちている積み木を右腕で払って，なお積み木を散らかそうとする。エリもその場にしゃがみ，両手で床に転がった積み木を払いながら「あははは」とワカコを見る。チエが素早く二人が崩した積み木の中から薄い直方体だけを三つ取って，アミと積み上げている積み木場へと持ち去る。

　ワカコとエリの二人で積み上げている場面であるが，徐々に運び役（エリ）と積み上げ役（ワカコ）という分担がなされる。そして，ワカコはエリに，それより上に積み上げることができない三角柱ではなく，立方体や長方体を持ってきて欲しいことを伝える。しかしホールには，ワカコとエリの他に，4歳児クラスのアミとチエも同じように立方体と長方体のみを使って積み木を積み上げていたため，三角柱以外は残っていないことがエリから伝えられ，ワカコも周囲を見てそれを理解すると「できたー」と言って，積み上げの達成を決定し，宣言する。そしてその宣言の後に，ワカコが「崩し」行為を行なう。エリはそのワカコの崩し行為に追随して，ワカコ同様に「崩し」行為を行なっている。

　この崩しでは，積み木の崩れに対して歓びを表す声が上がっている。崩しを意図した行為者がいる崩れにおいて，崩し手以外の者が歓びを表す声を上げるのは，崩しを承認している場合である。つまり，ワカコとエリは共に歓びを表す声を上げていることから，積み上げの完了を了承していることがわかる。

　またこの事例では，積み木の個数が限られているという制約が，積み木に関わる行為者に「積む」や「並べる」といった「崩し」行為以外の行為の選択肢を無くしている。「積む」や「並べる」といった行為を再び行なうためには，「崩し」行為を選択する以外はないのである。

　次の事例2は，積み手が不在であった積み木を崩した事例であり，崩すという行為に対し，歓びを表わす声が上げられた事例である。

第5章 「崩れ」に伴う応答と行為に関する検討 73

> **事例2：積み手不在の積み木に対する崩し** 　　　　　9月13日
> 　ソウとジンが積み木を積み上げていたところ，カンタ（5歳児）が「作ってあ
> げる」と言い，ソウとジンに代わって積み木を積み上げ始める。—中略—カンタ
> が立方体のみを積み上げる。ソウは見ている。ジンはソウの隣に座り，ホールを
> 見渡す。—中略—カンタは隣にユキとリュウトによって積み上げられていた積み
> 木へと歩み寄る。ソウはカンタを見ている。—中略—サトシがユキとリュウトが
> 積み上げた積み木に駆け寄り，積み木を右足で蹴って崩す。ソウは笑いながら，
> 崩された積み木の中から立方体のみを取って走り，カンタが置いた立方体の積み
> 木の5段目に置く。
> ソウ「きぁー」
> 　ソウは，積み木を置くと同時に声を挙げ，両手を広げて真横に広げ，振り返っ
> てジンを見る。カンタは，ジンが崩したリュウトとユキの積み木に駆け寄り，立
> 方体を一つ持って，立方体を積んでいた積み木へと走り出す。
> カンタ「これもらっちゃおー」

　カンタは，立方体の積み木を探していたが，立方体の積み木の幾つかは既
に積み上げていたし，残りの幾つかは隣でユキとリュウトが積み上げに使っ
ていたので，床に立方体の積み木は落ちてはいなかった。ゆえにカンタとソ
ウは，積み手であったユキとリュウトがいなくなった積み木の構造物から積
み木を「抜き取ろう」としていた。カンタとソウの様子を見ていたジンは，
カンタとソウが抜き取ろうとしている積み木の構造物を蹴り崩す。三人は笑
みを浮かべていて，駆け足で，直ぐに崩れた積み木から立方体を取って，自
分たちが積み上げていた積み木の上に積み上げていく。

　この崩しは，積む行為の続きを生むための必要行為であった。積み木は個
数が限られた物である。自分が作っている構造物を発展させ，積む行為を持
続させることの限界が他児による積み木の使用にある場合，他児が使用する
積み木に「崩し」行為を行なうことは，行為者にとって有効な解決策となる。

　事例3は，構造上の問題によって意図せず起きた崩れに対し，歓びを表す
声が上がっている事例である。

74　第Ⅱ部　3歳児積み木場面の実証研究

> **事例3：肯定的な応答が起きた自然発生的崩れ**　　　　　　　　　**6月14日**
> 　ホールでは，ユウタ，メグ，タカシ，ジンが積み木箱から積み木を出し，積み上げている。―途中略―積み木はジンの頭の高さまで積みあがっていて，メグには高すぎて，積み木を持ち上げてはみたもののその手は届かなかった。そんなメグがふと下を見ると，下から二段目ほどに積まれた積み木の一部が外に飛び出していた。その積み木だけ上部に積まれた積み木よりも長さがあったためである。メグはそこに足をかけた。足をかけて高くなった積み木の上に手を伸ばそうと試みたのである。しかし，二段目から少しはみ出ていただけの積み木には安定感がなく，メグが足をかけ体重を乗せ始めた瞬間に，積み木は大きく崩れていくのだった。崩れた側にはジンが積み木を載せようと立っていた。崩れた瞬間，ジンは「キャーワァーア！」と声を上げ，ジャンプした。メグは笑みを浮かべながら，ジンを見て，再び積み木を見て，積み上げを再開した。―中略―ジンとメグの積み上げは，その後も崩れては積み上げて，保育者が設定した片付けの時間まで積み上げは続く。

　積み木の崩れは，メグが不安定な積み木に足をかけた行為から意図せず起こったことであった。メグは，自身の行為の進行がそのまま積み木の変化（崩れ）と同期していることが見えていたため，崩れが偶然に起こったものではなく，自らが引き起こしたことであることはわかっている状態にある。しかしジンは，丁度目の高さ以上に高く積みあがっていた積み木によって，メグの行為どころかメグ自身も見えていない状態であった。ジンにとっては，積み木の崩れは偶然の出来事であった。ジンの歓びを表す声とジャンプは，目前の積み木の崩れという突然に起きた空間の変化と積み木の崩壊に伴い聞かれた音の刺激が，不快なものではなく，むしろ心地よかった事を表わしている。

　しかし，構造上の問題による意図しない崩れの全てに，肯定的な応答が起こることはなく，次の事例4のように否定的な応答もみられた。

第5章　「崩れ」に伴う応答と行為に関する検討　75

事例4：否定的に応答された自然発生的崩れ　　　　　　　　6月24日
　ジンとメグが積み上げていた積み木場面に，ソウが「一緒に作ろう」と言って
加わる。ソウが積み上げていると，ジンと，途中から来たカンタが，ソウの構造
物に積み木を積み上げていこうとする。―中略―ソウがジンに対して積み上げを
拒否している隙に，カンタがソウの背後に積み木を持って近づき，ソウが積み上
げている積み木の上に置こうとする。ソウがそれに気づき，今度はカンタに止め
るよう伝えるために詰め寄ろうとする。その間に，体当たりで遠ざけられていた
ジンが積み木へと戻り，カンタに対しているソウの背後で，手にしていた積み木
をソウの積み木の上に置く。積み木はその瞬間に崩れてしまう。ソウはその音に
気づき，はっと振り向き崩れていく積み木を見ながら「やー」と言う。嫌そうな
顔，がっかりしたような表情をしている。ジンの方は大きく表情など変えること
はなく，何も発することなく，崩れなかった下部から積み木を積み上げ始める。
ジンが積み上げ始めた積み木は，ソウが積み上げていた積み木の高さかそれより
も少し高いくらいになる。
ソウ「ゴーカイジャーだ！」
ジン「ゴーカイジャー！」
ソウ・ジン「ゴーカイジャー！ゴーカイジャー！ゴーカイジャー！」積みあがっ
た積み木を見て飛び跳ねて喜んでいる。

　自然発生的な崩れに対し，ソウもジンも歓びを表わす声や笑いを見せてい
ない。ソウにいたっては，「嫌そうな顔」というように否定的な応答を表わ
している。その後，ジンによって再び積み上がった積み木の構造物を見て，
歓びを表している。このことから，ソウには，崩れてはならない言語化され
なかった目的があったことがわかる。

　事例1や事例2のように，目的が積み上げではなく，崩すことにある場合
は，崩れが肯定的に捉えられており，肯定的な応答がなされている。また，
事例3と事例4を比較すると，構造上の問題による崩れに対する応答の全て
が肯定的であるのではなく，積み上げに対する目的の有無に，崩れに対する
応答が関係している可能性がある。そこで次に，積み上げの目的と崩れに対
する応答との関係について検討を行なう。

76 第Ⅱ部 3歳児積み木場面の実証研究

⑵崩れに対する応答の要因

　積み上げに対し目的が生じる場合は，①何らかのきっかけで出来た積み手のイメージによるもの（事例4）の他，②場を共有する他者によって付与されるものの二点が考えられる。そこで，崩れた前後の行為と発話内容に加え，他者に向けられた視線の向きにも着目し，崩れた場にどのような目的が存在していたかを明らかにする。

　事例中の「→」は，他者に向けられた「視線の向き」を表わす。また，(事例No)は，積み木が崩れたことを表わす。

　次の事例5・6では，他者に視線が向けられた後に崩しが行なわれている。

　最初の崩し（事例5）はソウが起こす。この事例5のソウによる崩しは，積み木を両手で支えていたソウの次の行為に，積み木を崩す以外の選択肢がなかったことに加え，共に積み木の構造物を眺めていたカンタの，笑顔での「えーあぶないよー」という発話に対し（事例5・6中のa)，その「あぶない」と指摘された崩しを故意的に起こすことにより，笑いを共有するという期待から崩したことが推察される。そしてそれに続く事例6の崩しはジンが起こしている。ジンは，積み上げたばかりであったが，直後に崩し行為を行なっている。加えて歓びを表す声を上げて崩れを肯定的に捉えている。このジンの肯定的な応答とその後の崩しは，その場にいたソウとカンタが共に笑顔で崩れを見届けているというように，ソウやカンタの崩れへの肯定的な応答に対する（事例5・6中のb・c）ものである。

　次の事例7〜10では，積み手や崩し手に視線を向けた後に，崩れに対する応答が表されており，他者に視線を向けた結果，崩しを肯定的に受け止めたり，否定的に受け止めたりしている様子が見られる。

　リュウジが積む積み木は，3人が積み上げる積み木とは形が異なっており，その形の異なるリュウジの積み木のみがカンタによって崩されていた。リュウジには，3人が共有している目的が見えていなかったためである。そしてそこに初めて来たケンジは，その場に着いたその時点から，積み木に関する

第5章 「崩れ」に伴う応答と行為に関する検討

事例5・6：高く積み上げることの限界と期待予期に基づく崩し　　9月13日

ソウとジンが積み上げている横にカンタ（5歳児）がやって来て，二人の積み上げを見ている。ソウは積み木を11段積み上げ，積み上げた積み木が安定しないためか，11段の積み木の構造物を両手で支えている。

ソウ	ジン	カンタ（5歳児）
	「これで」	
	手にしていた三角柱をソウとカンタの積み木の最上部に積み、カンタを見る。	
		「えーあぶないよー」
		三角柱が積まれた構造物を見ながら笑顔で言う。
笑顔でカンタの顔を見ながら、左手で積み木を支えつつも、ジンが積んだ三角柱を右手で払って崩す。	a ↗	
「あはははは」 事例5	← b　　c →	笑みを浮かべ積み木を見ている。
「あはははは、あー」	三角柱が落とされた瞬間に、カンタの後ろから右足を出して蹴り崩す。 事例6	
	「きゃわー！」	
笑いながら「もう一回作ろう、ねぇ。」とジンを見て言う。		

Figure 14：事例6

78　第Ⅱ部　3歳児積み木場面の実証研究

目的を理解し始める。それはケンジが，事例7のリュウジの崩し行為を見て（事例7・8・9・10中のa），自分が持ってきた積み上げたばかりの積み木の構造物を崩した（事例8）ことからわかる。ケンジは，自分の崩しに対して笑ったリュウジを見て（事例7・8・9・10中のb），崩し残った積み木も残らず崩し始める（事例9）。そうして，リュウジの隣でリュウジと同じように笑ったが，ケンジの崩しを制止するようにして，ケンジに向けて腕を伸ばしたソウを見て（事例7・8・9・10中のc），崩し行為を止めて後ずさりをしている。このように，ケンジの崩しを含めるあらゆる行為は必ず，周囲の状況に視線を向けた後に起こっているのである。また，ケンジの後ずさりから少し遅れて崩しに参加したジンの崩し行為（事例10）の方は，ソウに叩かれながら「だめ，壊したら」と言われ，崩しを止められているのだが，その事例10の崩しの直後に歓びを表す声を上げて，肯定的な応答を示したリュウジも，「だめ」と言われたジンを見て（事例7・8・9・10中のd），歓びを表す声を止め，ソウと共にジンに背を向けて新たに積み上げを行なうのであった。このことから，リュウジの事例8からの崩れに関する肯定的な応答の有無は，他者の意図を読み取り，読み取った他者との同調を図った行為の結果であったといえる。

　以上崩しと目的の有無についての分析から，積み上げの行為の結果の消失を意味する積み木の崩れに対し，肯定的な応答が生起する場面には，積み木の完了による崩し（事例1）や個数確保のために積み手不在の積み木の構造物に対してなされた崩し（事例2）があったが，積み木の完了は目的の達成を意味し，積み手不在の積み木の構造物は積み手の目的が存在しない物といえる。その他構造上の問題による崩れには，肯定的な応答がみられた崩れ（事例3）と否定的な応答がみられた崩れ（事例4）があった。

事例7・8・9・10：期待による崩し　　　　　　　　　　　9月13日
　ソウ，カンタ，ジンの3人で立方体だけを積み上げていた。そこに，リュウジが来る。リュウジはソウから参加を許可され積み上げに加わるも，立方体ではな

> く，三角柱を積み上げる。リュウジの三角柱をカンタが「えー」といって叩き落とす。リュウジはカンタが積み上げた構造物を崩す仕草を見せ，カンタは崩れないようにそれを押さえ始める。

　積み手側に積み上げに関する目的が有る時の崩れは否定的な応答であったが，積み手側の目的がない時の崩れには肯定的な応答が表わされた。そして崩れに対する応答の要因を分析したところ，目的が積み上げに関わる他者との同調にあった場合には，同調を期待する他者が表わす応答によって，肯定的な応答になったり（事例9など），否定的な応答になったり（事例10）することが示された。これらの結果から，崩れに対する応答に，積み手の目的の有無と目的の内容が関わることが明らかになった。

80　第Ⅱ部　3歳児積み木場面の実証研究

ソウ（段に座っている）	カンタ（5歳児）	シン	リュウジ	ケンジ
笑いながらカンタを見る。			カンタが押さえている積み木を強く（同じ崩す）。 **事例7**	a　ケンジは、リュウジが崩した隣の構造物に積み木を積み、積み木を強くリュウジを見て、右足で軽く崩す。 **事例8**
	事例9　ソウを見て、その後床の積み木を見て、振り返って観察容器を見てボールを見渡す。		リュウジは笑いながらケンジを見る。	b　ケンジはリュウジを見た後、床に崩れ落ちた積み木をお盆に拾い上げる。 **事例9**
積み木を積み上げていくケンジに対し、制止を促す形で右腕を伸ばし、ケンジを見る。			リュウジは崩れた積み木に手をかける。	
ソウが段から腰を上げ、床に散らばった積み木を取りに行き、正方形を一つ手にする。		c	リュウジも正方形を一つ手にする。	ケンジが「あはは」と大きく口を開けて笑いながらソウを見て、後ずさりをする。
	後ずさりをするケンジのソウを見る。			
	カンタはケンジが手にしている廃材を欲しいことを伝え、ケンジの廃材を譲り受ける。	ジンは、ソウとリュウジが再び積み上げ始めた積み木に駆け寄り、そのままその積み木を振り向ける。 **事例10**		カンタに廃材を手渡す。
背後から積み木を蹴り倒される形となったソウは、自身もシンの蹴り上げた足によってバランスを失う。		蹴り崩した位置からソウを見ている。	リュウジは「おー」と、笑いながら言う。 d　ソウにリュウジのソウを見る。	
ソウは手でシンを叩きながら「だめ、壊した」と言って、崩れた積み木を拾って積み上げ始める。	カンタもシンの前に座り、下に落ちている積み木に目を落とすが、クラスの他児とおしゃべりの時間であることを告げられ、その場を去る。		ソウにリュウジの背後に座った2人を見ている。	
ジンに背を向けて積み上げる。			ジンに背を向けて座って、積み木を積み上げる。	

事例7・8・9・10：期待による崩し

5-3-2. 崩れとその後の行為の関係性

　積み木の崩れは，積み手のその後の行為にどのように関係しているのだろうか。前章から，積み木場面における協働の過程では，積み木の崩れが協働を促進する要因となっていることを確認している。そこで本研究で，積み木の構造物の変化による協働の過程への影響を分析した結果，崩れ直後の行為が崩し手に向けられた事例は43事例中13事例あった。他者に向けられた具体的な行為の内容はTable 7の通りである。

Table 7：他児への働きかけが見られた場面の行為の内容

他児に向けた行為		行為の内容（例）
身体的表現	否定	場を変える（背を向ける）／相手の体をつかむ／体当たりする
	容認	崩れた箇所を直す
言語的表現	確認	「これだよ」
	勧誘	「一緒にやろう」
	説明	「これはねぇいらない」
	否定	「だめ，壊したら」「違うよ」「やめて」
	非難	「やー」「なんで壊すんだよー」

　次の事例11は，「身体的表現」を用いて崩し手に行為が向けられたことにより，関係性に変化が見られた事例である。事例中の（下線）は積み手の行為，（波線）は崩し手の行為，事例中の□は他児に向けられた行為を示す。

事例11：身体的表現（背を向ける）が生起した事例　　　　6月14日

　ジンはメグと共に積み木を積み上げ，隣でタカシが積み木を積み上げている。タカシの積み木が意図せず崩れる。ジンが振り向き，上部が崩れたタカシの積み木を全て崩し始める。タカシもジンの崩しに加わり，自ら全てを崩している。

　そして，ジンはメグとの積み木に向かい，積み上げを再開し，タカシは崩した積み木の場所に再び積み木を積み上げ始めたのだが，突然ジンが積み上げの手を

止め，タカシの積み木を崩し始める。タカシはそんな ジンの行動を見ている 。ジンは全てをばらばらに崩し， タカシを見て，目をそらし ，背を向けた先に積みあがったメグとの積み木を全て崩し始める。メグは積んでいる途中にジンに崩されるが，特に応じるわけでもなく，ジンが崩し終えて平らになったところにまた積み木を積み始める。

タカシはジンを見たまま，床に崩れ落ちた積み木を背後に押しやった後，ジンとメグに対し背を向けて，積み上げ始める 。

　最初，ジンとタカシは別々に積み上げてはいたものの，積み上げは向かい合いながら行なわれていた。そして双方の距離は，床に散らばった積み木を共有して使用している程の近距離であった。また，積んでいた積み木は別ではあったが，タカシの無意図的な崩れにジンが加わって崩すなどの関係は見られていた。しかし，その後のジンによる意図的な崩しに対しては，タカシはジンとメグの積み木に対し背を向けるという表現を見せている。このタカシの行為により，タカシがジン達の積み木から受ける影響や，ジン達と経験を同期する可能性は，極めて低い状態となった。

　また，ジンとタカシは互いに言葉を交わすことなく，互いに手の届く範囲で積み木を積み上げていたが，その間に互いに目を合わせることは見られなかった。しかし，ジンが積み木を崩している間，タカシはジンを見ていて，ジンもまたそのタカシに気付き，タカシを見て，目をそらしている。崩しによる崩れによって初めて，視線を交わしたのである。積み木の崩しは，積み手が崩し手に気付く，つまりは自身の目的とは異なる他者の目的に気付く要因になっている。

　崩しが積み木という物的環境から他者へと視線を向ける契機となったことがわかる他の事例に事例12がある。事例12は，ジンが積み上げた積み木を「ガオーカイツミキ恐竜」と見立て，その側でポーズをとるなどして過ごしている所に，経緯を知らないサトシが，それが何かを尋ねながら近づいて来た場面である。

第5章 「崩れ」に伴う応答と行為に関する検討　83

事例 12：身体的表現（体当たりする）が生起した事例　　　11 月 4 日

　ジンは，登園後，朝の支度を終えると直ぐに，ホールへ行き，積み木を積み上げ始める。―中略―ジンは積み上げた積み木の周りを 2 回まわって立ち止まり，積み木を前から見て歩み寄りながら「ガオーカイツミキ きょうりゅう」と言う。ジンの横でそうすけがそれを見ている。

　そこにサトシが「ねぇ，何やってるの」と言いながらやってくる。そうすけはサトシが来ると同時に後ろに下がり，距離を置く。サトシは積み木の構造物の横に立ち，積み木の後ろに回ると直ぐに積み木を押して倒す。積み木が倒れる途中，積み木の横にいたジンと目が合う。サトシは口をぱっと開け，はっとしたような表情になる。積み木が音を立てて倒れる。サトシは手をぶらぶらさせ，右足を後ろに引いて，ジンに背を向ける。右手にもっていたお菓子の空き箱を両手に持つ。ジンは倒れた積み木をじっと見ている。

保育者 A「ああ，ロボットが」
　　ジンが保育者の方を見る。サトシも保育者の方を見て体の向きを戻す。

保育者 B「大丈夫？」
　　サトシがジンを見る。ジンが両手を突き出しながらサトシに向かう。

保育者 A「倒れてしまった」
　　ジンが両手でサトシを押す。

サトシ「9 時ですよ」
　　サトシは押されて一歩後ろに下がりながらジンに言い聞かせるように言う。

ジン「こわしちゃだめ」

　保育室で過ごしていたサトシはホールのジンを見て「何やってるの」と近付くが，ジンは答えない。ジンからサトシへの視線もない。しかし，サトシがジンの積み木を押し，積み木が崩れ始めると直ぐに，ジンはサトシを見ている。両手を突き出し，サトシを押す。事例から見て取れるように，ジンは先ず身体的表現を用いて他者に向かう傾向があると思われるが，そんなジンも，正確に再現されない積み木の積み上げに対し，「きょうりゅう」といって積み上げの目的を伝えている。これは積み木が，一つの行為だけで構造物の形体を変える性質を持つことから促進された発話である。

　積み木の崩れという構造上の変化による他者への行為の促進は，次の事例

13でもみられる。

> **事例13：言語的表現（確認・否定）が促進された事例**　　　　　9月13日
> 　リュウジとソウが並んで座って，積み木を積み上げている。―中略―ソウが，リュウジが積んだ積み木を投げ捨てる。リュウジは，ソウに投げ捨てられて転がる積み木を見て，その後ソウを見る。リュウジは，リュウジの後方にあった直方体の積み木を持ち，ソウに見せる。
> リュウジ「これだよ。」
> ソウ「違うよ。」
> 　ソウは再びリュウジの手から積み木を取って，後ろに置く。ソウは立方体を拾って積む。ソウによって直方体を後ろに置かれたリュウジは再びその直方体を拾い，両腕に抱いて，ソウの様子を見ている。
>
>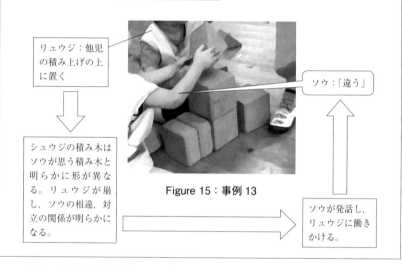
>
> Figure 15：事例13

　ソウが三角柱を投げ捨てたことによって，三角柱を使用しないことがわかったリュウジは，次に直方体を見せ，ソウに「これだよ」と確認を求めている。しかし，それもまた否定されてしまう。これは，砂や粘土，絵画などの変化した結果が見え辛い活動と異なり，可塑性が低いという形体の特徴を持つ積み木固有のやり取りの一つといえる。リュウジは，積む行為を否定さ

れ，行為の結果が残せない中で，ソウの行為に視線を向けている。

　このように，崩れによって自己と異なる他児の目的に気付くならば，崩し
は他児に目的が異なることを示す行為であるともいえる。次の事例 14 は，
保育者が積み上げた積み木を「お家」としていたユウジが，その後「お家」
を構成していた積み木の一部を保育者に使われたことから，保育者と他児が
積み上げた積み木を崩して自身の思いを伝えた事例である。事例中の□は，
崩しに至るユウジの意図が見える行為と発話を示す。

事例 14：自身の思いを伝える手段としての「崩し」　　　　　**9 月 26 日**

　ホールの積み木は，幼児が登園する前に保育者によってその幾つかが積み上げ
られていた。そこに，朝の支度を終えたユウジが来て，続いて保育者がやってき
た。ユウジは積み木の脇にひかれたマットの上に乗りながら，積み上げられてい
た構造物を「おうち」と言っている。保育者はその様子を見守った後，ユウジが
いる積み木とは違う場所で積み木を積み上げ始めたユウコの方に行き，ユウコと
積み木を積み上げ始める。ユウコと保育者の積み木に，ユウジが加わる。3 人は，
積み木を上へ上へと積み上げて，高くしている。しばらくして，保育者は最初に
ユウジが「お家」と言っていた積み木を持って来て，ユウコとの積み木の踏み台
として使用する。―中略―

ユウジ「先生。先生。これ直して」

　保育者はユウジのウレタン積み木へと歩み寄り，少し見て，再び振り返ってミ
カのコルク積み木を見守る。ユウジがマットの上を歩きながら「先生これ直して」
と言う。

ユウジ「やりかたわかんない。かっこいいおうちにして。」

　保育者がユウジに歩み寄りながら，「かっこいいおうち？ どういうおうち？」と
言うが，再びコルク積み木の方を見る。

保育者「すごい」

　ユウジがコルク積み木に近寄り「それ駄目です」と言う。ユウジは積み上げら
れたミカとユウコのコルク積み木にパンチするような格好をしてみせる。

ミカ「やーだ」

　ユウジはパンチをせずに，保育者を見る。保育者は背中に乗ってきたテツヤを
見ている。ユウジが再び積み木にパンチの格好をして，保育者を見る。

ユウジ「早くパンチしたい」

　ユウジはそう言いつつも，パンチはせずに，そのまま後方へと下がって見る。

86　第Ⅱ部　3歳児積み木場面の実証研究

> ユウジが「よーしパンチだ」と言って積み木に走って向かった時，ユウコが三角
> 柱のコルク積み木を積み，その下部の積み木が崩れる。
> 保育者「もう一回がんばれ。もう一回がんばれ」
> 　ユウジは右手にこぶしを作ったまま，その場で一回転して周りを見て「よーし
> パンチするぞ」と言う。残っていた積み木に ユウジのパンチと隣にいたユウコの
> パンチが二つ当てられ ，残っていた部分の積み木も崩れる。―中略―女児が「な
> んで上手くいかないの」と崩れたことに関して保育者に尋ねる。保育者がどのよ
> うに倒れたかを女児に伝える。
> ユウジ 「えだってだって早く家がやんなきゃ，倒したんだもん」
> 保育者「えー今一生懸命やってるからさ，応援してあげようよ」
> ユウジ「赤ちゃんのうちが……」

　ウレタン積み木での遊びに保育者を誘っていたユウジによるコルク積み木
の崩し行為は，積まれたコルク積み木が欲しくて行なった行為ではない。ま
た，積み木の積み上げ方に対する意見の表明でもない。崩す前，ユウジは保
育者にウレタン積み木で家を作って欲しいと言っている。また，実際に崩す
までは何度も格好だけを見せているが，格好を表した時は必ず保育者の方を
見ている。ユウジが様々な手立てを用いて，保育者に対して自身の思いを伝
達していることがわかる。ユウジの崩しは，保育者に，保育者が今関わって
いる積み上げと異なる思いを自分は持っていると伝える，要求達成のための
崩し行為であったといえる。

　以上の事例から，積み木の崩れという構造物の変化が，積み手が持ってい
る目的を外化させ，結果積み手の視線が崩した他者に向けられ（事例11・12），
目的達成のために意思を伝達する発話が生起する（事例13）過程が見られた。
積み手同士の目的の相違による意図的な崩しが，積み手同士の対立した関係
を明らかにし，必要に迫られた積み手が発話を増やしているのである（事例
13）。このようなことがきっかけとなり，この後の積み上げが，他者と協働
して積み上げていく状態への変容に関係している可能性があることが示唆さ
れた。

5-4. 考察

　本章では，積み木場面にみられる行為者と構造物の変化のうち，特に積み木の特徴的な変化の一つである「崩れ」について，分析を行なった。3歳児積み木場面においては，これまでの積み上げの行為を否定する崩れに対し，それを肯定的に受容する態度がみられていた（第4章）。そこで本章では，「(1)どのような場面において歓びを表わす声があがる等肯定的な応答が生起するのか」と「(2)崩れという物的な環境の変化が3歳児の積み木場面にいかなる影響を及ぼすのか」の二つの目的を設定し，参与観察によって取得できたデータを分析した。一つ目の目的である「(1)どのような場面において歓びを表わす声があがる等肯定的な応答が生起するのか」については，積み手に積み上げに対する目的が無い場合であることが示された。ただし，積み木に関わる複数の積み手の目的が，積み木の操作にあるのではなく，他者との場の共有にある場合は，崩れに対する他者の応答に影響を受けることが明らかになった。

　二つ目の研究目的の「(2)崩れという物的な環境の変化が3歳児の積み木場面にいかなる影響を及ぼすのか」については，崩しによって明らかになった目的の異なりが，他者への働きかけを促進していたことが示された。複数の遊び手が，積み木を使う目的は多様である。積み上げを拡充させるためには，なるべく多くの個数を確保しなければならず，複数の遊び手が共に一つの積み上げを開始したとき，積み上げに対する目的が同じであれば積み上げが絶え間なく担われて効率よく積まれていくし，目的が異なれば一人が積んで一人は崩してと中々積まれてはいかない。そこで，目的の異なる積み手同士の意思を示す行為や言語化が増えていく。「崩された者」にとっては，「崩す者」によって目的の達成を阻止された事になるが，そこで生じる対立が互いへの関心を高め，目的を伝える更なる発話を生起させていたことが明らかに

88　第Ⅱ部　3歳児積み木場面の実証研究

なった。

　このように，積み木の崩れに対する応答から，様々な状態を読み取ること
ができる。そして，応答が肯定的である時は，積む目的が自覚的に持たれて
いない状態であるか，崩す目的が達成された時であり，よって積み木が崩れ
た後は新たな目的を必要とする場面になることが多い。また，崩れに対する
応答が否定的であった場合は，積み上げに対する目的を有する時である故，
崩さないように，あるいは崩されないようにと取り組む意欲と姿勢が，思い
を言葉にする等他者へ働きかけていく経験を積ませ，その能力を獲得させて
いく。つまり，構造物の崩れや崩しの原因と応答は一様ではないものの，崩
れ後の全てに新たに生成される目的による活動や他者と協働し合う活動等，
新たな展開が期待できる可能性があるといえる。

　これらは，積み木という教材が崩れという場の変化を起こすことによる結
果である。積み木の崩れという変化は，視覚や聴覚で捉えやすい。さらに崩
れによる場の変化は瞬時に起こる故，行為者に即応性が求められる。この変
化の可視性や速度は，連結部が付いているブロックや，テープや糊などの接
着によって成り立つ廃材等で作られた構造物，肉眼で確認し辛い程粒の細か
い砂等の崩壊では起きにくい。積み木場面固有の状況であるといえる。

　本研究において，さらに今後の検討が必要な点は次の2点である。1点目
は，「積み木」の崩れに際し，他の素材の積み木の崩壊に対する行為への影
響の比較検討である。同じ積み木であっても，大きな積み木では衝撃が多く，
崩れないような扱いに留まったり，小さな積み木ならば積み上げにかかる負
荷も少ないことから崩れに対する応答の必要性も低くなる等が考えられる。
他の素材との違いをより明確にし，積み木に対する行為の特定を更に示して
いく必要がある。2点目は，保育者の援助についての検討である。保育者に
関する検討は，第4章において示された3歳児に他児のイメージを受容する
ことが割合として少なかったという結果からも，課題として述べていた。そ
れはやはり，本章において崩れに焦点化して分析を行なった結果からも検討

すべき課題として示された。本章における検討では，目的が異なるようであれば，積み手同士の意思を言語化するなどして表現しなければならない状況になる。しかし，保育者の参加がある場合については，対立した両者がそれぞれに保育者に言い分を主張するなどして仲介を求め，時に保育者も双方の言い分を代弁する等してそれをつなぐことによって，遊びが継続していく場面が観察された（本章事例 14 など）からである。このことから，積み木場面の継続と展開に必要な相互行為を保持する言語と，3 歳児クラスにおける相互行為の特徴について明らかにする必要がある。よって次章第 6 章では，保育者が参加し支援して行なわれる積み木場面を検討し，園における 3 歳児積み木場面における相互行為と人的環境である保育者との関係について明らかにする。

第6章 保育者の発話と行為に関する検討

6-1. 問題と目的

第1章でも示したように，今日多くの園に設置されている積み木は，幼児の自由な選択や操作を保障している。研究協力園においても同様で，積み木に対して行為することも，積み木を利用して何かしらの行為を行なうことも，行なう場所も幼児に自由が与えられている。積み木が設定された初期においては，そのような設定は想定されておらず，むしろ保育者による教授，保育者のための教材であったことからの変遷を考えると，幼児の自由遊び場面での使用は，幼児の自由を意味する象徴的な教材の一つといえる。幼児の自由の意味を意図する場面の中で，保育者はどのように参加することが可能なのであろうか。本章では，保育者の参加と3歳児積み木場面における3歳児の行為との関係について検討する。

またこの検討は，先の第4章と第5章の結果を受けて行なうものでもある。第4章と第5章においては，3歳児クラス積み木場面の1年の過程，幼児の行為と積み木の構造物の変化から，3歳児がどのように他児と相互行為していくのかを捉えた結果，積み木の面と面とを接合させるだけの積み上げ行為から，やがて構造物へのイメージを外化する発話があり，積み木の崩し行為を介して互いを見やり，さらにイメージに関する発話に至った過程が確認されている。時間をかけ，積み木を介して他児の応答に反応する中で，他児や自身のイメージと向き合い始める幼児の姿が観察された。そして第5章での積み木の特性の一つである「崩れ」という変化への積み手の応答への分析を通して，積み手の積み上げに対するイメージの有無との関係が明らかになっ

第 6 章　保育者の発話と行為に関する検討　91

た。また，崩れという構造物の変化の後や崩し行為の後に着目した結果，他児の応答に同調する姿が確認できた。これは 3 歳児がクラスの中に自ら関係を築いていこうとする姿である。以上の結果は積み木場面における幼児同士の相互行為をデータにして分析したものである。研究協力園では，幼児による主体的な体験が尊重されていることから，多くの場面の参加者は幼児のみである。しかし，特に 3 歳児クラスでは，他学年に比べ，保育者が参加して場が展開されることも多くある。

　そこで本章では，幼稚園 3 歳児の積み木場面における保育者の関わりを検討する。人的環境としての保育者は，3 歳児積み木場面にどのように参加し，幼児の相互行為と関係しているのか，また保育者は場をどのように生成させていくのかについて検討を行なう。

6-2.　方法

　「6-2-1.　研究協力者」「6-2-2.　期間・時間」「6-2-3.　観察方法」については第 3 章で述べた通りであり，以下の通りである。

6-2-1.　研究協力者

　東京都内私立 A 幼稚園 3 歳児クラス 2 クラス

　A 幼稚園では活動間の移行時に一人ひとりのその日の様子に応じた援助がなされているが，保育者は学年別担任制となっており，保育中の多くは担当学級の幼児と過ごす。幼児の意思を尊重する自由な遊び場とゆとりある時間設定がなされているため，保育者が保育にあたる場はクラスの保育室のみならず，園庭や園庭や学級をつなぐテラス，ホールなど様々なところにある。2011 年度観察時 3 歳児は 26 人（男児 11 人女児 15 人），2012 年度観察時 3 歳児は 27 人（男児 15 人女児 12 人）であった。本研究において事例として取り上げた保育者（Table 2）は全て女性で，経験年数（人数）は 1 年目（3 人，保

育者 A, B, D) と 11 年目（1 人, 保育者 C) であった。

6-2-2. 期間・時間

2011 年 4 月 18 日〜2012 年 3 月 15 日（内 68 日間）

2012 年 9 月 4 日〜2012 年 11 月 6 日（内 24 日間）

登園（9 時頃）〜昼食開始（12 時頃）または降園（14 時頃）までの時間

6-2-3. 観察方法

2011 年度 4 月は園の保育を参観し, 5 月から参与観察を行なった。2012 年度は, A 幼稚園で改修工事があり, 3 歳児が積み木に触れることができた 9 月から観察を行なった。観察中にメモとビデオカメラで撮影を行なった。

6-2-4. 分析方法

観察期間中に見られた 3 歳児積み木場面において, 保育者の行為と発話が記録できた場面を取り出した。その内, 積み始めからその場の参加者が構造物の完成を告げる発話まで保育者が関わった場面は 6 場面であった。その 6 場面の中で, 片付けの時間になる等して途中で終了した場面を除いた 4 場面について, 保育者の行為と発話の内容に着目して事例を作成し, 分析を行なった。

6-3. 結果

保育者が積み始めから一つの構造物の完成まで参加した後, 別の場所に移ってからも幼児から「もう一回積もう」といった発話が聞かれるなどして再試行する様子がみられた場面（以下「継続有」とする）と, 保育者がその場を離れると同時に積み上げを止めてしまう場面（以下「継続無」とする）の 2 場面が観察された。4 つの場面における参加者が, 積み木を手にした後の行

為の内容は Figure 16，保育者の発話は Figure 17 の通りである。Figure 16 より継続有の場面は，継続無の場面と比べて幼児が積み上げた割合が高かった。

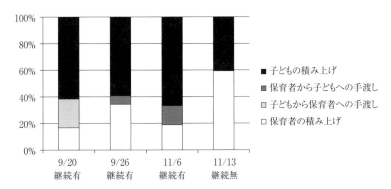

Figure 16：積み手が積み木を手にした後の行為の内容

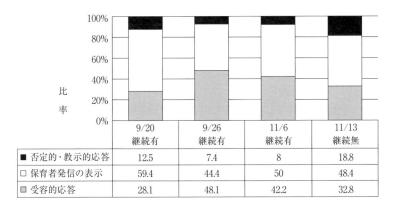

Figure 17：保育者の発話内容

94 第Ⅱ部 3歳児積み木場面の実証研究

　次に，観察後にフィールドノーツとして書き出した保育者の発話を意味内容が変化した時点で区切り，それぞれの発話内容に着目し，そこで得られた意味をもとにカテゴリ化した（Table 8）後，カテゴリにもとづいて対象となった場面の保育者の発話の全てを分類した。

　カテゴリの信頼性，妥当性を検討するため，研究目的を知らない教育学専攻の大学院生1名と筆者が発話全体の25%にあたる発話を各事例から均等に選択し，カッパ係数を求めた。その結果，$k = .70$という実質的に一致しているとみなされるカッパ係数が確認された。また，不一致箇所（全発話数の5.7%）は2名での協議により再度分類し決定した。

　継続の有無と場面全ての保育者の発話内容の比率との因果関係はみられなかった（Figure 17）が，「否定的・教示的応答」の比率により2種に分かれる積み木場面があることが明らかになった。この点に関し，それぞれの場面の過程をみた結果，3歳児積み木場面における保育者の関わりは，①幼児から発現されたイメージを膨らませて展開していく場合②より複雑な構築を目指して展開される場合の2つの場合が生起することが確認された。

　そしてどの場面においても，「保育者発信の表示」と「受容的応答」に関する発話の比率が多く，「否定的・教示的応答」の発話の比率の方が少ない。これは研究協力園の保育が，日々幼児の主体性を尊重した保育であることによるものと思われる。特に「受容的応答」のうち一番多かったのは「肯定的反応」であり，幼児の発話や積み木の構造物の変化に対する笑いと歓びを表す声が多く発生していた。構造物の崩れ等の変化がそれほど起きていないにも関わらず，歓びを表す声や笑いなどの肯定的な反応が多く発せられたのには，積み木に対する保育者の目的が，積み木の操作能力の獲得や構造物の完成にあるのではなく，幼児とのやり取りにあることを表している。

　では基本的な保育目標を共にしている保育者の，どのような関わりが積み木場面の展開を異ならせるのだろうか。以下では保育者が関わった積み木場面について，展開の種類に分けて検討していく。

第6章　保育者の発話と行為に関する検討　　95

Table 8：積み木場面における保育者の発話内容カテゴリ

	カテゴリ	定義	例
受容的応答	再生	幼児の言語の再生と疑問形による再生	子：「おさらでぇ」保：「おさらでぇ」／子：「ホットケーキ作るね」保：「ホットケーキ？」
	肯定的反応	行為や発話を肯定する内容の応答。	保：「おいしそうだね」笑い。語尾が上がる歓びを表す声。
	了承	承知したことを示す発話。	子：「いーれーてー」保：「いいよ。一緒に作ろう」
	相づち	幼児の会話中に入れられた間投詞。	保：「うん」
	代弁	幼児の発話や行為の代弁	保：「よかったね。喜んでもらって」
	励まし	幼児の行為を励ます発話。	保：「(不安定な所に積み上げる子に) 気をつけてー」
保育者発信の表示	質問	行為や発話の意味や内容などを尋ねる発話。	保：「なにが入っているのかな。チョコケーキ」
	意味付け	幼児の行為に対する言語化	子が積み木の上から飛び降りる。保：「ジャーンプ」
	問題提起	解答があり考えさせる発話。	保：「なんで崩れちゃったんだろう」
	伝達	積み木以外の情報を伝える発話。	保：「ちょっと先生〇〇ちゃん来たからお迎えに行ってくるね」
	提案・説明	現状に対し新たな考えに関する発話。自身の行為についての説明，言語化。	保：「今度すごい高いトンネル作ってみようよ」／保：「先生はチョコレート (保に見立てられた積み木) を乗せて」
	解答	問題や質問に対する答え。	保：「そう，この間のよーいドン」子：「なにそれ」保：「え，すべり台」
	意思表示	幼児の行為や発話について自身が思ったことや考えたこと。	保：「近いよねぇ。幼稚園からでも」
	挨拶	日常的に礼儀として行なわれる定型的な言葉。	保：「おはようございます」
否定・教示的応答	指示	幼児に次の行為を指し示す発話。	保：「(積み木を持った子に) これじゃあこっちに」
	否定的反応	行為や発話を否定する内容の応答。	崩そうとしている←「どっかんってなっちゃうよ」
	禁止	行為や発言を禁ずる内容の発話。	保：「もうこれ行き止まりでーす」
	注意	注目を促し判断の検討を促す発話。	保：「お友達転んじゃうよ。危ない危ない危ない」
	促進	幼児の行為や発話を促す発話。	保：「(座って進もうとする子に) 立って行ってごらん」保：「(積み木の上，止まっている子に) はい」

96   第Ⅱ部　3歳児積み木場面の実証研究

6-3-1.　イメージを膨らませて展開していく場合

　事例1では，保育者が最初に幼児にイメージを尋ね，幼児のイメージに沿う質問をしていったことでイメージが少しずつ具体的になっていて，共有化されている。事例中□はイメージの展開を支えたと思われる保育者による「質問」発話を表わす。

事例1：保育者の「質問」発話とイメージの展開（保育者A：3歳児クラス担任1年目）　　　　　　　　　　　　　　　　　　　　　　　　　　　　　9月26日

　積み木箱にユウコとユウコに誘われた保育者Aがやってくる。保育者Aが箱から立方体を取り出して床に置く。

保育者A「ユウコちゃん何作る?」

　ユウコは積み木箱の中から三角柱を一つ手に取って，保育者Aが置いた立方体の上に積む。

保育者A「お!おうち?」―途中略―保育者A「ユウコちゃんち何階建てなの?」

ユウコ「＊＊＊＊＊＊＊＊＊＊＊（聞き取り不可)」

保育者A「え?」

ユウコ「7階」

保育者A「7階?」

ユウコ「エレベーターがある」

保育者A「エレベーターがあんの?」

―途中略―

　少し離れた所にいたユウジが，ユウコと保育者Aが積み上げた積み木を見て「それ何?エレベーター?」と聞く。

保育者A「エレベーターが付いたおうち」

　事例1で，ユウコに誘われて積み上げを始めることになった保育者Aは，「何作る」とユウコのイメージを尋ねることによってユウコのイメージを知ることから始めている。この時点での保育者の行為は，「積み木箱から積み木を取り出して床に置く」というもののみである。ユウコは，保育者の行為によって置かれたこの積み木の上に三角柱の積み木を置いている。保育者は

その行為を見て直ぐに意味づける発話をしていて，幼児からの言葉以外の情報（積み木の構造物の形）からも幼児のイメージを理解しようとする様子がみられる。実際，この時のユウコが「おうち」を積み上げのイメージとしていたかどうかは不明であるが，続く質問を幼児の経験にて行ない，無理なくイメージを引き出していったことで，「おうち」というイメージが「7階」「エレベーター付き」といったより詳細なものになり，結果積み木を高く積み上げていくという次の行為の目標が明確なものになっていっている。

　この事例1のようなイメージの言語化と共有化は，同様に継続有の場面がみられた9月20日と11月6日においても確認することができた。そしてこのようなイメージの言語化と共有化は，それらの全ての場面において，開始直後（積み上げ行為の前かあるいは一つ目の行為の後）に行なわれていた。

　次にあげる事例2は，幼児が発したイメージ発話を受けて始まった積み木場面の積み始めの事例である。幼児から発せられたイメージ発話を再生したり，関連する話題の中で少しずつ新たな情報を付け加えたりする保育者の発話が，繰り返し行なわれている。事例中□は保育者の「再生」発話，（波線）部分は保育者の追随的な行為，（下線）は保育者による新たなイメージを引き出す「質問」と「提案」の発話を表わす。

事例2：保育者の「再生」発話と行為の追随（保育者B：3歳児クラス担任1年目）　　　　　　　　　　　　　　　　　　　　　　　　　　　　　**11月6日**
　保育室で朝の身支度を終えたサキコが隣室にあるコルク積み木まで走って行く。その後ろを保育者Bが歩いて行く。
サキコ「ホットケーキ作るね」
保育者B「ホットケーキ作る？」
　サキコは，コルク積み木が置かれている場に着くと素早く振り返って体を保育者Bの方に向け，積み木箱から直方体の積み木を一つ取り出す。保育者Bも直方体の積み木を一つ取り出す。
サキコ「じゃあ，ホットケーキ作ろう？」
保育者B「ホットケーキ？」
―途中略―

サキコ「ねぇチョコケーキ作ろう?」

保育者B「チョコケーキ?」

サキコ「うん」

保育者B「おいしそうだね。何が入っているのかなチョコケーキ」

　二つの直方体を右手と左手に一つずつ持ち,順に積み上げたサキコは「じゃあ」と言いながら,保育者Bによって取り出された直方体を一つ持ち上げながら「生クリーム乗せて」と言って積み上げる。保育者Bはサキコの積み上げを見ながら,「先生はチョコレートを乗せて」と言いながら,箱から取り出した積み木を床に置かず,直接サキコが積んだ積み木の上に積む。サキコは保育者Bが箱から取り出していた直方体の積み木を一つ持ち上げ,保育者Bが積んだ積み木を見ている。

サキコ「うちはいちごを乗せて」

保育者B「じゃあ先生はバナナを乗せようかな〜」

　保育者Bとサキコが積み木を一つ手にしては,見立てた事を話しながら積んでいく。サキコが長さのある直方体の積み木を手にし,「私もバナナ乗せよっかなー」と言って積もうとする。

保育者B「おっきいバナナだねぇ」

　この事例2では,保育者はサキコから「ホットケーキ」というイメージの提案があった後,発言された幼児のイメージを再生している。加えて保育者は,サキコの直方体の積み木を選択した行為に追随して,自身も直方体を持つ行為を行なっている。これら保育者によるイメージの再生と追随的な行為は,積み手への同調を示すものとなる。

　また,サキコから様々なイメージが言語化されていく中で,保育者はただそれを再生させるなどして受容するだけでなく,「何が入っているのかな」等イメージを展開させる質問をしたり,「バナナを乗せようかな〜」と新たな発想となる提案と行為を行なう等して,イメージの持続と展開を支えている。

　以上,イメージを膨らませて展開していく場面では,幼児からのイメージ発話をきっかけとして発せられた保育者の発話は,イメージの広がりが期待できるような内容であった。またそうした提案などと共に積み木を積み上げる行動で見せる等していくことは,積み木場面の展開と継続を支える要因と

なる可能性が示唆された。

6-3-2. 複雑な構築を目指して展開される場合

単に積み木の面と面を接合させて積み重ねていくのではなく，構造物の間に窓枠のような積み木がない空間を作るなどの複雑な構築を目指して展開される場合は，「否定的・教示的応答」の割合が「イメージを膨らませて展開していく場面」よりも高かった。この場面の積み上げは，「イメージを膨らませて展開していく場面」が下から順に積み上げていく物だったのに対し，「窓」や「トンネル」というように積み上げた積み木の間に隙間を作りながら構築させていくという内容であった。このことは，隙間を作るという構築が3歳児クラスでは難しい課題である可能性を示している。

9月20日と11月13日の両場面の発話内容の全体比に大きな違いはない（Figure. 17）が，過程において発せられた保育者の発話の内容に違いが見られた。9月20日と11月13日はそれぞれの場面において，構造物が完成した時の保育者の発話である。9月20日の保育者は，11月13日の保育者が目指した積み木の構造と同じであるが，その後の継続の有無に違いが生じている。次の事例3は，事例4との違いが見えたところである。事例3は，保育者がその場の積み上げに必要な知識・技術を読み取った上で，自身が行為してそれを補うのではなく，それを課題として行為と発話で提示し，最後は幼児が積んで課題を乗り越えている事例である。事例中□は積み上げ課題に関わった保育者の発話，（波線）部分は援助に関わる保育者の行為を表わす。

事例3：積み上げ課題の援助（行為による課題の可視化）（保育者C：主任11年目）　　　　　　　　　　　　　　　　　　　　　　　　　　9月20日

保育者Cは重心部分に積み木がない積み木を手で支え持ったまま，「ここに積み木が足りないよ」と言う。ユメは箱から積み木を取り出そうとしている。ジュンが保育者Cが「足りない」と指摘した場所を見て，積み上げを止める。
保育者C「ジュンちゃん，ここいいよ。ここに積もう」

保育者Cはジュンが最初に積み木を積もうとした場所を指し，ジュンから積み木を預かって積む。保育者Cの後ろから，積み上げを見ていたアツシが積み木箱の方に来る。

保育者C「ちっちゃいのがいいかもしれない」

ジュンが箱から積み木を一つ取り出し，頭上に持ち上げる。ユメも箱から積み木を一つ取り出す。ユメは保育者Cが「足りない」と指摘した場所に積み木を積む。

保育者C「あ，ジュンちゃんのいいかもしれない。あ，ユメちゃんのもいい」

ユメの積み木によって，保育者Cが支えていた積み木は安定する。

　事例3での保育者は，積み手として参加する中で積み手の幼児が，隙間なく，高さや平行にも気を配らない積み上げ方に着目し，積み手の知識や技術を読み解き，課題を明示し，積み上げの達成に際して具体的に足りていない部分を指示したり，「足りない」という発話に加えて，足りない部分を手で支えて完成後のイメージを可視化させている。結果，参加した幼児が新たな積み上げ方法を獲得する可能性が生起している。

　しかし「継続無」における保育者の行為については，次の事例4に示すように幼児の行為より保育者の行為が先行していたり，幼児が積み上げた積み木を崩したりといった行為の結果に否定的な反応を示すものであった。

事例4：積み上げ課題の援助（行為の先行）（保育者D：3歳児クラス担任1年目）
11月13日

マリ「お城つくろー」

保育者D「お城作る？」

　マリとマコトが立方体の積み木を積み上げていく。少し離れたところでリュウスケもまた積み木を積み上げている。その両方を保育者Dが見ている。保育者Dはリュウスケが積み上げている方の積み木の「柱」を見て「マアくんこっちにも。こっちまだ低いから，こっちにも乗せて」と言う。マコトが保育者Dが指した積み木を見る。そこにリュウスケが積み木を積む。保育者Dはリュウスケの積み上げた積み木を見ながら，これまでマコトが積んでいた「柱」に使われていた積み木の一つを崩して床に置く。二つの積み木の「柱」の高さが均等になる。

第6章　保育者の発話と行為に関する検討　101

　事例4では，マリから「お城を作る」というイメージが提案され，保育者がそれを再生することによって，その場の積み手への共有化がなされている。しかし，ここでの保育者の行動は，均等な高さの柱を2本立てて床と平行する屋根を積み上げるというものであり，この事例では，そのお城に関する具体的なイメージを共有化する発話や行為はみられなかった。それぞれが積み上げる積み木に対し保育者は，その積み上げ方を指摘すると同時に，崩したり積んだりするなど保育者の行為によってイメージした構造物の完成へと導いていた。

　事例4の保育者Dは，足したい積み木を伝える方法を採っていた一方で，事例3における保育者Cは，自身のイメージとする構造物の完成型を示し，足りない箇所を可視化してそれを補うという方法を採っていた。事例3と事例4は，その両方が保育者が持つイメージに導かれて積み上げられていった場面の事例ではあるが，大きく異なった点は，積み上げが誰の手で行なわれたかということである。

　次に両場面における積み上げの完成時の事例を検討する。事例5は，継続が無かった11月13日の積み上げ完成の場面である。事例5では，保育者が作った「トンネル」の構造物を幼児が順にくぐっていた際，一人の体が「トンネル」に触れ，崩れてしまった物を保育者の提案で「もっと高いトンネル」を構築させている。事例中□は完成後の保育者の発話を表わす。

事例5：完成後の発話（肯定的反応）（保育者D：3歳児クラス担任1年目）
　　　　　　　　　　　　　　　　　　　　　　　　　　　　　　　　11月13日

保育者D「できたー。じゃあ上に。ヒカリくん乗せれる?」
マコト「僕も乗せられるよ」
　保育者Dの横でマコトが床から三角柱を持ち上げて頭の上に乗せている。
　ヒカリが手にしていた三角柱をトンネルの形になった構造物の上に積み上げる。
マコト「わーわーわーわー」
　三角柱を頭上に持ち上げたまま，マコトはよろけて見せて構造物から遠ざかる。
保育者D「わあーおっきいトンネルができたー」　―途中略―

102　第Ⅱ部　3歳児積み木場面の実証研究

> 保育者D「ほらおっきくなったー」
> 　マリが保育者Dの前に立ち，トンネルを両手で押し始める。
> マリ「わーわわわわわわわー」
> 保育者D「ふふふふふふふ。どっかーんってなっちゃうよ」
> 　マリが押す積み木を保育者Dが支えて垂直にする。
> （この後リュウスケとマコトもマリの崩しに加わり，トンネルが崩れる。）

　保育者の提案と説明によって構築された積み木は，保育者の「おっきいトンネルができたー」という発話によって完成となった。この後積み木が積まれることはなく，幼児によって肯定的に崩された後，保育者が場を離れると同時に幼児も場を離れていって積み木場面は終了した。

　一方の事例6は，継続があった9月20日の事例であり，幼児の「おうちを作る」という積み上げに対するイメージに対し，共に積み上げていった物が完成した事例である。事例中□は，完成後に発せられた保育者の発話を表わす。

> **事例6：完成後の発話（意味付け）（保育者C：主任11年目）**　　　9月20日
> 保育者C「できたー。わー」保育者Cとアッシが拍手をする。
> アッシ「やったー」ユメが積み木の窓から顔を出している。
> 保育者C「ユメちゃん，やっほー」
> 　保育者Cがユメの方に顔を近付け，手を振る。アッシがユメの隣にできている積み木の窓から顔を出す。
> 保育者C「でーきまーしたー。ハハハハハ。アッシくん，やっほー」

　事例6では，保育者Cがそれまで様々な提案や指示を出して積み上げた，隙間のある構造物の完成を共に喜ぶ様子が見られる。また同時に，その隙間のある構造物でのやり取りに対し，「窓」としての意味付けを行なう発話と行為を行なっている。これまで，この隙間の部分について，保育者は一度も「窓」という言葉は発していない。しかし保育者は，隔たれた空間をつなぐ役割を持つ「窓」の機能である隙間を楽しむ幼児に気付き，「やっほー」と

言って対面から手を振ることによってイメージを保ち，また伝えている。この後保育者が場を離れても，「窓」から顔を出して手を振る幼児たちの姿があり，やがて積み木は崩れたが，「もう一回」と言って再度積み上げを始めている。

この事例5と事例6の比較から，保育者による否定的・教示的応答が多い場面においては，積み上げ始めにおけるイメージの言語化と共有化のみならず，完成時における意味付けがその後の積み木場面の展開に関わる可能性が示唆された。

6-4. 考察

以上3歳児の積み木場面のうち，保育者による直接的な関わりの後も，積み上げが継続した場面における保育者の発話と行為について検討を行なった。

保育者が関わった積み木の場面は，保育者の発話と行為によって主に2つの展開の場合に分けることができた。一つ目の「幼児のイメージを膨らませて展開させていく場合」については，幼児からのイメージ発話を受け止め，それをきっかけとして始められた保育者の発話内容が，今後の積み上げのイメージの展開が期待できるような内容であったり，またそうした発話だけでなく，幼児の行為と同期した行為を行なったりするなどといった関わりが行なわれていることが明らかになった。2つ目の「より複雑な構築を目指して展開される場合」については，継続が有った場面と無かった場面で違いがみられた。継続が有った場面の保育者は，指示や提案の発話だけを用いて新たな積み上げ方法を伝えるのではなく，保育者自身がイメージした構造物の完成型がイメージできるように足りない箇所を可視化し，それを補うという方法の援助を行なっていた。また，このような保育者の「否定的・教示的応答」が必然的に多くなる場面においては，積み上げ始めにおけるイメージの言語化のみならず，完成時の意味付けの有無が，その後の積み木場面の展

開に関わっている可能性が示唆された。

これら明らかになった2点の保育者の関わりは，積み木という素材や3歳児の特性を予期させる。まず，保育者が積み上げのイメージを支え続けたことが場面の展開につながっていたことから，保育者の存在と比べ，積み木は幼児にとって変化の少ない単純な物であり，それ単体が持つ刺激は小さいということがわかる。一方で，積み木自体が持っている刺激が小さいからこそ，その物を媒介にした保育者と幼児，幼児と幼児による言語的な相互行為や互いの身体を可視化し合う等，認知できる場を共有することは重要であるといえる。積み上げに参加した者は，発話や身体的な動きによってこそつながり合うことが明らかになった。そして3歳児クラスについては，保育者による受容的な人的・物的環境設定が必要であることが示唆された。つまり，この時期における積み木場面については，保育者が提示してくれる様々なイメージや遊び方を基にして行動に目的が生まれ，結果，幼稚園での活動が「もう一回やろう」という継続を示す発話が生起するなど，期待に満ちた活動になっていくという関係性が示された。

また，今回事例として取り上げた保育者は1年目が3人と11年目が1人という経験年数を持ち，経験年数で分けると両者にはかなりの差がある。今回の研究では，積み始めから完成までという事例単位の中で，保育者の行為と発話の比率を明らかにしたが，比率にその差はほとんどみられなかった。しかし，事例において，幼児の行為に対する行為の内容を確認してみると，11年目の保育者の発話は1年目の保育者の発話と異なり，積み上げの援助は行ない，また時に積み上げを積極的にリードしているものの，積み上げている者のイメージを伝える発話はほとんどない。これによって，幼児にとっては，積み上げの行為はリードされているものの，積み上げのイメージを発想させる余地は与えられている。可塑性が低い故に必要なイメージを伝達しあう発話が多く見られたこと，そしてそのイメージが幼児から発せられたものでありそれが受容されたことは，4名の保育者が積み木の一側面を理解し

ていることを示す。しかしその内 1 名の保育者のみが，積み木がどのような
ものにもイメージすることが可能であるという別の側面も踏まえられていた。
これら教材に対する多様な見方について，保育者の経験年数との関係を検討
することは今後の課題である。

第Ⅲ部

総合考察

第7章　総合考察

7-1.　各章の総括

　本論文では，園における相互行為と園環境の一つである積み木に関する先行研究を概観した結果，実際の幼稚園で生成される文脈を排除しての結果が多くみられたことから，それらの要素を可能な限り含みこむための手立てとして，Blumer のいう「探査」的検討（第4章）と「精査」的検討（第5・6章）を用いることとした。

　そして第Ⅱ部では，実際に自由保育を方法の一つとして採用し，積み木が設置されている幼稚園に協力を依頼して，幼稚園という初めての集団生活を過ごす3歳児が，園に設置された積み木での遊びを通してどのように働きかけていくのか，その過程の検討を目的として次の3点の研究目的が設定された。1点目は，3歳児クラス積み木場面の1年の過程を，幼児の行為と積み木の構造の変化から全体的に捉えた。2点目は，1年間の3歳児の積み木遊びの場面から，特徴的な積み木の構造の変化を取り出し，それらの変化は行為者たちにどのような影響を与えているのかを明らかにした。3点目は，人的環境としての保育者は3歳児積み木場面にどのように参加し，幼児の相互行為と関係しているのかについて分析を行なった。以下ではそれらの実証研究で得た結果を考察として概括する。

7-1-1.　3歳児クラス積み木場面における時期的変化（研究1）

　第4章における3歳児クラスの積み木場面の一年間の過程についての分析では，行為と積み木の構造物の変化によって，3つの時期に区分されること

が明らかになった。

　3つの時期の内の最初の時期では，崩れに対し歓びを表す声をあげる事が多くあった。崩れには偶然に崩れる場合と意図して崩す行為を行なう場合とがあった。しかし，崩れという構造物の変化に対する歓びを表す声があがることは次第に減少していった。それは，積み上がった構造物への名付けによって構造物にイメージが発生し（Figure 18 の→の①），積む目的（Figure 18 の→の②）が生起していったことで，行為者の楽しみが積み木の崩れという構造物の変化から，イメージを実現させる積み上げへと変わったことを示していた。

　行為者に目的が生まれたことにより，他者への働きかけが生じていく。自身のイメージを実現させる積み上げが，イメージを共有しない他者によって崩されることを防ぐ必要があるからである。行為者に，積みたいイメージを周囲に伝えて了解を得る必要が出てくる（Figure 18 の→の③）。加えて，積み木は個数の限られた物である。新たな物を作るためには積まれている物を崩す必要があるが，そこに積み上げを継続させたい他者がいる場合もある。それぞれが抱く積み上げの目的の相違が，幼児のイメージの言語化と外化を促進させている。また積み上げの目的があることで，積み木の形の種類に関する気づきを促し，積みたいという意思が積み木の重さや大きさに対する操作の工夫や判断を生んでいた。

　言語化とその外化がみられたこの時期の観察学級の幼児は，9月の時点で4歳になっていたのは学級全体の約 35 % の存在であったが，12月の末には学級全体の約85% が4歳を迎えていた。この結果は，松井・無藤・門山（2001）が示した4歳児は言葉による相互行為の維持が多くの場合で成功しているという結果を支持する。

　観察学級の1年間の最後となる時期には，積み上げたい構造物のイメージを共有した上で，積み上げを部分的に分担させようとする発話や行為が観察された。最初の崩れに対して歓びを表す声が上げられていた時期の多くは，

110　第Ⅲ部　総合考察

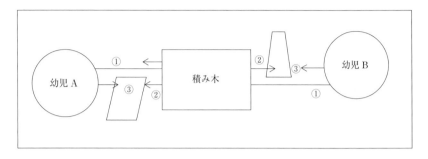

Figure 18：3歳児積み木場面

(「→」は応答の方向を示す。また台形等の図は構築に対するイメージを象徴的に表した図で、形の違いは積み手によるイメージの異なりを示している。)

物である積み木に向けられていたのに対し、この時の行為者の視線は、積み木の行為者に対して向けられることが多くあった。そして他者の行為をモニタリングすることや積み木の場全体を俯瞰して見ることも増え、結果、他者の積み上げた成果を修正するなどの行為が、意思を伝える発話と積み木を移動する等の視覚情報による伝達において行なわれていた。

　これらの結果は、積み木の構造物の変化が、行為者の意思を明確に反映させたことから導出したものであり、丸山・伊藤（1999）の研究では、観察された協働を行なった2人の経験と性格をアンケート調査によって明らかにしているが、目的の発生によるイメージの表出に関係した積み木の「崩れ」に対する行為者達の行為分析によっても明らかにできることを示唆するものである。

7-1-2. 積み木の「崩れ」と「崩し」行為についての検討（研究2）

　第4章での1年間における3歳児積み木場面の時期的変化から、変化の要因の一つとして目的の生起があることが示唆された。そしてその目的の生起が、行為者の無意図的に起こる「崩れ」と意図的に行為する「崩し」に関係することが明らかになった。そこで、「崩れ」と「崩し」における行為者の

状態を明らかにし、「崩れ」がその後の積み上げにどのように関係していくのかを検討した。

まず「崩れ」については、第4章で明らかにした年間の3つの時期的変化のうち、「目的が出現し、その目的が共有化されていなかった時期」と「イメージの表出と共有化へ向かう時期」においては歓びを表わす声をあげる姿が確認された。しかし、第4章で示した協働の時期については、意図的に起こした「崩し」ではない偶然の「崩れ」であるにも関わらず、他者に原因を確認するなどして他者を非難する姿が観察された。これは協働の時期までに、他者の意的な「崩し」行為を受けた経験を示している。また、歓びを表わす声は、積み上げに対する目的が無い事を意味していた。積み上げに対する目的がその前後に言語化された時には、歓びを表わす声は発せられなかったのである。ただし加えて、積み上げに対する目的が無い場合でも、周囲の積み手の表情に視線を向けて、その反応によって声の表出を止めるなどの様子が観察された。これは周囲への関心が積み木の積み上げ以上に高いことを示す。そして、積み木という物的環境が振る舞いを誘発する要因になっていることを示唆する。

次に、積み木の「崩れ」という変化が、その後の3歳児の積み木場面にいかなる影響を及ぼすかについて検討した。結果「崩し」行為には「遊びの区切り」「積み上げの完了」「積み上げの拡大」「意思の不一致」などの意味があることが明らかになった。

「遊びの区切り」は、崩された者にとっては「終わり」であり、「崩し」を行なったものにとっては「始まり」であった。その意味は、崩れに対する関係によって異なっていた。「積み上げの完了」は、行為者が行為可能な行為選択肢の数と関係して生起していた。行為の選択肢は、積み木の形への選択行為による行為選択肢の増加や、個数が限定されているという特徴を持つ積み木ゆえに、積み上げる積み木が無く、「積む」行為が選択肢より無くなるなどの変化を起こしていた。「積み上げの拡大」は、積み木などの個数が限

112　第Ⅲ部　総合考察

定されている物に固有の特徴によるものであった。特に，積み木が多くの幼児に自由に使えるように設置されている幼稚園においては，積み手が積み上げた構造物の保持を主張し続けるか，構造物を監視し続けるかをしない場合，積み木は他者によって崩されてしまうことが観察された。「意思の不一致」は，行為者同士の意思が不一致であることが認知された時に「崩し」が起こり，同時に，崩された者もまた共に行為する者の意思が一致していないことを認知していた。そしてこの意味の「崩し」は，「評価」や「確認」といった目的の共有に必要な発話を発生させていた。

　それらの理由によって崩れた後の行為として，身体的表現として「否定」「容認」，言語的表現として「確認」「勧誘」「説明」「否定」「非難」が確認された。「崩し」行為によって，「崩す者」と「崩された者」という対立する関係が生じており，その対立が共に行為する行為者への関心を高めていることが明らかになった。

　山本（2011）は，遊びの進行によって，積み木に積み手にしかわからない価値が生じたときに衝突が生起したとの結果を示した。山本（2011）では，その結果と相互行為との関係が考察されていなかった。本研究では，崩れるという状況における応答の様子から，その構造物に対する価値の有無が表れるという事が示された。そして，価値の違いが明確になることにより，対立が生じて，相互行為が促進されることが明らかになった。これらは，山本（2011）の研究では描かれなかった過程である。

7-1-3.　3歳児積み木場面への保育者の参加についての検討（研究3）

　第6章では，3歳児の積み木場面への保育者参加の影響について検討した。それは第1章で概観した先行研究の結果が示したように，園での幼児は，その他の状況とは異なる行為を表出させている可能性が考えられるためである。園環境の成立に保育者の存在は欠かせない。よって第6章では，3歳児積み木場面の内，保育者が参加した場面に焦点化し，分析を行なった。具体的方

法として，観察中に得られた保育者が参加しての3歳児積み木場面の事例を，保育者が参加を辞めても幼児のみでの積み上げが継続した場面と，保育者が参加を辞めると同時に積み上げを辞めた場面とに分類可能であったため，それらの事例の比較検討を行なった。

3歳児クラスの保育に多く関わる保育者を研究協力者として観察し，積み木場面における保育者の行為と発話を記録した。結果的に，3歳児積み木場面に積み出し始めから完成まで関わり，上記したような事例に関わった保育者は4名であり，その内3名は3歳児クラスの担任であり，経験年数は1年目であった。もう1人は積み木が設定されているホールにいることの多い主任であり，経験年数は11年目であった。

結果，保育者の発話内容に差はほとんど見られなかった。保育者の行為は，箱から出した積み木や床から拾い上げた積み木を，誰が構造物に積み上げたりつなげて並べたりするかによって，違いが生じる可能性が示唆された。つまり，最後の積み上げが幼児である割合が高い場合は「継続有」となり，最後の積み上げが保育者である割合が高い場合は「継続無」となっていた。この結果から，3歳児積み木場面の継続には，保育者の発話以外の要因が関係している可能性が明らかになった。

また，保育者が参加しての積み木場面は，2つの方向に展開されていく可能性があることが確認された。一つは「幼児のイメージを膨らませる展開」（Figure 19）であり，もう一つは「複雑な構築を目指す展開」（Figure 20）である。二つの展開では，保育者の発話の内容と行動が異なっていた。「幼児のイメージを膨らませる展開」では，積み手である幼児から発せられるイメージ（Figure 19の→の①）に関する発話を受容し，再生させるなどしてイメージを保持していた（Figure 19の→の②）。途中参加者には先の積み手が展開させているイメージを伝達する（Figure 19の→の③）などして，先に積み手となった幼児の展開を支持していた。また，積み木を幼児に手渡すなどして積み手の積み上げ行為を助け，新たなイメージの発生と展開の促進に努め

114　第Ⅲ部　総合考察

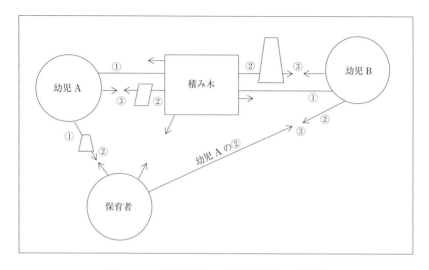

Figure 19：幼児のイメージを膨らませる展開

(「→」は応答の方向を示す。また台形等の図は構築に対するイメージを象徴的に表した図で，形の違いは積み手によるイメージの異なりを示している。)

ていた。

「複雑な構築を目指す展開」(Figure 20) では，「幼児のイメージを膨らませる展開」よりも「否定的・教示的応答」(Figure 20 の→の①) が多く，そのため保育者がイメージする積み上げについては，具体的に隙間を作って場所を示すなどの行動や保育者がイメージした積み木が完成した際に，完成した構造物へのイメージを伝える発話を必要とすることが示唆された。

これらの考察から，幼児同士によって積み木を介した相互行為が行なわれる場合，特に積み木場面の初期においては，幼児は最初に物に出会い，操作して，その先で他児に出会っていた (Figure 18)。しかし保育者が参加した場合は，「幼児のイメージを膨らませる展開」(Figure 19) であっても「複雑な構築を目指す展開」(Figure 20) であってもどちらの場合でも，言語的相互行為の割合が高くなる傾向にある可能性が示唆された。

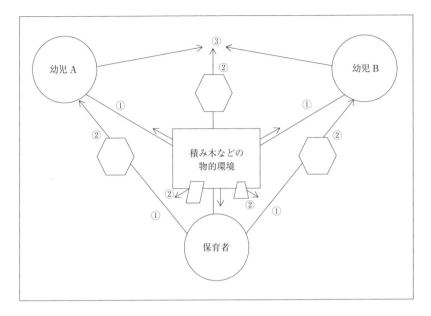

Figure 20：複雑な構築を目指す展開
(「→」は応答の方向を示す。台形等の図は構築に対するイメージを象徴的に表した図で，積み手によって異なることを示している。またこの図では幼児2人をモデル化して描いているが，幼児2人以上の場合においても同様の過程をもとにした③が生じる。)

7-2. 本論文で明らかになった知見

　本論文では相互行為を「個からの外界への働きかけを契機に成立する」いわば個体発生的・個人構築型に捉えるのではなく，「環境と個と個は対峙しており何かしらの契機によって生成されていく」そこにある全ての環境を要因として捉え，それぞれが生起させた要因がその時々に構成された結果であるとする，いわゆる社会構成型として捉える研究における知見を基にしている。つまり，集団への参加ではなく，集団を形成していく過程を検討することを目的としているが，以上で考察した三つの研究から明らかになった知見

116 第Ⅲ部 総合考察

を示す。

　上記目的において，研究1では，積み木を選択し積み上げるなど行為の結果としての構造物やその構造物の変化が，相互行為の促進と関係していることが明らかになったが，その際に幼児の相互行為場面で散見される，「入れて」などの仲間入りを依頼する言葉や，「貸して」などの所有に関わる言葉が聞かれなかったことに着目したい。長濱・高井（2011）は，所有を巡る場面の特に先占を巡る場面においては，3歳児（保育所，平均3歳3か月児）では非言語的行動的主張が5歳児よりも多くみられたが，他者の所有に関する口頭による回答では無反応が多くみられたとの結果を示している。このことから，本研究において「入れて」や「貸して」といった発話や相互行為がほとんどなかった理由として，二つの可能性が考えられる。考えられる可能性の一つは，幼稚園という「公的な場」であるという意識が働いた可能性である。つまり園での積み木が，各自にとって特別な固有物にはなっていないことによって，「先占」といった価値付けがなされなかった可能性があるということである。もう一つの可能性は，他者が所有しているものに対して反応しないという特性が，本研究では一年を通して積み木場面に関わった幼児が限られていた要因になった可能性である。ただしこれらの事に関してはどれも結果からの推測であり，本研究から言及することはできない。とはいえ，どちらの可能性からみても共通して言えるのは，研究1の結果は，家庭や家庭から持ち込まれたその子の所有物では生起しなかった結果であったということである。幼児は物に付けられた意味を読み取りながら，行為した可能性があることが示唆される。

　そして続く研究2によって，この園固有の事象は明らかになった。研究2では，崩れに対する行為のみに着目した結果，①出来事（本研究では「崩れ」）の共有②出来事に対する応答から他者の意図を推察するという二つの過程から，「同調する」行為の発生が確認できた。これら確認された事例からは，他者の特別な指示は確認できていない。そのような指示がなく，その子の判

断が保たれているように思われる環境であったにもかかわらず観察された，これらの行為（同調行動）の発生は，この同調的性格こそがこの園で支持されているスタイルである可能性がある。当然のことながら，この社会的性格が，この園の特性なのか，あるいはこの園が参画している地域（国）の特性が影響しているものなのかは本研究の結果からは言及できない。

　そして研究3で，積み木場面における保育者の言語的相互行為の割合の高さを指摘したが，研究1と2の3歳児における身体的相互行為の存在と合わせると，①幼児本来の相互行為と保育者が認識する相互行為にずれがある②自由保育積み木場面における保育者の直接的関与は，幼児の環境との接触と他児との相互行為の機会を減少させるという2点の可能性が明らかになった。

　このような結果から，保育者の直接的な関与がない場面においても，幼児は言語的，身体的相互行為を通して場面の展開に主体的に関わっていること，また場面を構成し展開させていくのみならず，そこで支持される行為（社会的性格）を相互行為の中で取得していく事が示唆された。

7-3. 本研究の幼児教育における意義

　本研究の意義は次の6点になる。

　1点目は，3歳児クラス積み木場面における変化を，縦断的に明らかにした点である（第5章）。一般に，3歳児においては個別的な遊びを好むと言われている（M. B. Parten, 1932）が，4月から行なった観察では，積み木場面が観察された6月の頃でも，意図せず崩されたことに対して互いに目を合わせて背を向けるなどの他者との相互行為が観察された。そして3歳児の協働までの過程が，他者の意思を受容しようとする働きによるものではなく，自身の目的の発生と実現に向けて，他者へと働きかけていくことによって生成していたことを明らかにした。ここで明らかとなった過程で着目したいのは，保育者からの直接的な刺激が無くても幼児と積み木との間で，時に繰り返し

ながらも少しずつ変容していくその様相である。

　2点目は，相互行為の過程について，積み木の構造物と幼児の行為の変化と関係から導き出せたことによって，積み木の特性を明らかにすることができたことである。積み木場面における相互行為の契機の一つは，積み木の崩れにあることが明らかになった。そして幼児は，崩れという積み木の構造物の変化に刺激されたことによって，必要に迫られて他者に働きかけている。幼児は積み木という物と向き合うことで，その表現力を高め，他者との関係構築に努めはじめる。逆に言えば積み木は，幼児の表現力を引き出し，他者との関係構築の場を生成させる。このことは保育室にある他の教材についても各々にいえる可能性がある。教材を，保育者のねらい達成の補助や伝達のための道具としてというだけでなく，幼児からはどのような物としてみえているのか，幼児が向きあった時何を刺激してくれる物なのかについて，幼児の目線に立った見方からも特性を理解しなければならない。

　3点目は，目的の異なりによる対立が，相互行為を促進させている可能性があるとの結果を示したことである（第5章）。例えば「崩された者」にとっては，「崩す者」によって目的の達成を阻止された事になるが，そこで生じる対立が，互いに対する関心と目的を伝える更なる発話を生んでいた。相互行為の促進が，対立の禁止といったルールにあるのではないことを示す。このことは，保育者によっていざこざがない環境が設定されること，あるいは保育者が積極的にいざこざの発生を制止したり抑制したりするなど幼児の行為を制限することは，その後の建設的な相互行為の促進をも妨げる可能性があるということである。

　4点目は，3歳児の積み木場面に保育者が参加した場合，2つの展開が想定される可能性を示したことである。従来の保育方法論において，教材が展開させる可能性から保育における留意点が検討されることは少ない。しかし，例えば「複雑な構築を目指す展開」では，完成後の意味付けが重要である可能性が見い出されている。保育室において設定される教材の特性を理解し，

それらが引き出す可能性を予測し，その時々に保育のねらいを意識した教材の設定と展開，配慮を実践することは，ねらいの達成に必要不可欠である。また，特に自由保育場面では，保育者が参加するタイミングが配慮事項として重視されるが，本論文では，保育者が参加した場合，言語的相互行為の割合が高くなることも示している。この知見から，幼児の直接体験に基づく物体の性質や他児に関する認知を高めたい場合においては，保育者は積み木場面への参加を控えるか，あるいは言語の使用を控えて積み木の構造物の変化に関わる行為を行なう等の参加が効果的であり，幼児の言語活動の充実を図りたい場合ならば，幼児の積み上げに対するイメージを支持する発話や積み上げた構造物の意味付けに対する発話を多くするなど，幼児のイメージの継続を補助する参加は効果があるといえる。

　しかし，そもそもなぜ自由保育場面では，保育者が参加のタイミングを配慮するのであろうか。そこには日本の保育の特性と抱える課題がみえる。そしてFigure 16・17が示した保育者の支援は，その日本の保育の特性と課題をも表しているといえる。つまり，Figure 16・17が示している保育者の支援は，幼児の積み上げに対する目的の提示のための相互行為の状態から，目的共有後の目標達成に向けた相互行為の状態へと変わるための支援であったということである。その支援は，集団の形成を課題の一つとする文化を有する保育に特徴的な支援であるといえる。無藤（2003）は，日本の保育について「集団関係志向と子ども志向の大きな対比の中で，様々な折衷と組み合わせが試行されている」[36]状況であると言及している。「集団関係志向」と「子ども志向」は本来対極にある方針である。「子ども志向」という一人ひとりの志向を大切にした場合には「集団」ではなく，「協働的関係」の構築を目指す必要がある。具体的には，幼児が園の様々な環境との相互行為から他児の意図を解釈し，そして再び他児と相互行為する中で解釈を修正するなどして理解を深め，自身の目的を達成させていくような展開が期待されるということである。それは，相互行為を円滑にするためのスキルやルールを知る事

ではなく，それぞれの幼児が対峙する物や人についての理解を深めていく経験の繰り返しを求めるものである。この志向の矛盾と本研究で明らかになったFigure 16・17のような保育者の支援は，単に研究協力者である保育者の課題ということなのではない。これらは日本の保育の状況そのものであり，議論すべき課題である。かつて，坂元（1968）は「子どもたちもひとりひとりかけがえのないものをもっている。それをそれぞれにのばしていくことが教育である。のばしていくみちすじがそれぞれに違うであろうとともに，それぞれに違ったものが花咲くようでありたい。」[37] と保育の展望を語っている。目標とすべきは，学年毎の同質化による合理性ではなく，異質なことを活かし合う探索的で発展的な関係である。保育者（大人）と異なる子どもの相互行為を如何に育み，大人に向けての発達をどのように支援していくのかということを保育形態から検討していくことの必要性を，本研究の結果は示している。

　5点目は，教材研究における意義である。保育にとって幼児と保育者を取り巻くすべての環境が必要な環境であり，対象であるということは自明なことであるにもかかわらず，それらの環境が何にどのように関係しているかという教材研究は，日本の保育において今まであまりされてはこなかった。今回，積み木場面において見られた幾つかの行為を，積み木という形体上の特徴と合わせて分析できたことで，積み木と行為の促進との関係についての知見を提示することができた。このような知見が示唆されることから，教材研究は，幼児というものが元来何もできない無力な存在であるのではなく，自身で感じて表現したり展開したりする力があることを認める契機になるのではないか。そして，幼児一人ひとりが主体的に生活を創造するために，園内の環境を評価し，その質を上げていくことは必要不可欠である。よって本論文では積み木を取り上げたが，このように園に設置されている教材の一つひとつに対する検証は，今後の保育において重要な意味を持つことが考えられる。

以上 5 点は研究結果からの意義として提示した。最後の 6 点目は，これら
の結果を導出した研究方法に関する意義である。まず，長期にわたって観察
した結果による知見を示していることに意義がある。長期間園での生活を共
にすることができたことによって，次第に観察対象を予測して捉えることが
できた。積み木場面以外の多くの場面を共有する中で，クラスの幼児各々の
個別多様な行為がわかるようになり，それは観察対象とした積み木場面にお
いても，本論文での目標とした幼児の内側から行為を理解することへのアプ
ローチとなっており，そのことは多くの結果を得たことに現れた。加えて観
察では，幼児が一日を通して積み木に触れない日が何日も生じることがあっ
た。このことは，予め場を設定して結果を得る実験研究ではあり得ないこと
であり，自由保育を実践している園での参与観察による研究を採用した時点
で想定されていたことではあった。結果的に，結果の提出が可能な事例を得
ることができたが，これは観察期間を長期にしたからこそ得られた結果であ
るともいえる。加えて，長期観察において行為の文脈を保持しつつも，積み
木場面という一つの場面に着目したことによって，場における行為とその行
為が関係した場の変化を特定させることができた。多様な要因が有り，また
それらが関係し合って新たな要因を生成させている園という空間では，第 1
章に示したように先行研究においては，行為の変化に関する知見こそ示され
たものの，それがどのような場の変化と関係しているかについてはほとんど
明らかにされてこなかった。しかし本論文では，場を特定したことで多重的
な要因の中でも関係性のある要因を示すことができた。日本の，特に自由保
育を中心とした保育における教材の意義と課題を提示することができたのは，
Blumer（1986）のいう探査と精査の視点において，全体の文脈に気を配り
つつも場を特定させて微視的な分析を行なうという方法を採用した結果であ
る。「人はあらゆるものとの関係に意味を生成して行為する」という視点に
立ち，実践の場における選択と継続による文化的意味を究明した上で理解し，
保育学が重視してきた経験に基づく共感的解釈と，一方向的な関係の構築に

122　第Ⅲ部　総合考察

関する議論から，相互の関係や構造が生成する世界に関心を転換させた社会学や心理学の視点を用いた本論文の研究方法は，新たな保育学研究の方法の一つを示したといえる。

7-4.　本研究の課題

　本研究において明らかにできなかった事は次の6点である。

　1点目は，「積み木」の材質による行為への影響の検討である。本研究では，積み木の構造物の変化の中でも「崩れ」を取り上げたが，その「崩れ」に対してみられた歓びを表す声は，軽やかに崩れるウレタン製やコルク製の積み木であったことも要因になった可能性がある。木製の大型積み木では，崩壊に伴う音や衝撃は増す。また，積み木の数についても，本論文では園内の自然な状態での観察であったために，流動的であった（観察中に数個の積み木が別室に持ち運ばれることがあった）。積み木の素材や数に対する行為の変化を探ることは今後の課題である。

　2点目は，協働において生起した役割に関し，空間的要因や人的環境の要因を検討することである。年度の終わりごろには，役割を分担するなど協働して遊ぶ姿が観られた。これは積み木の積み上げ自体がそれほど複雑ではなく，むしろ単純作業であることにも要因がある。積み木遊びは役割分担を生みやすい遊びの一つといえる。とはいえ，役割が生じた要因と過程については，より多くの分析が必要である。どのような前提が役割を生じさせるのか，積み木と行為者の関係に加えて，場の広さや構造の要因も分析対象として他園との比較を行なうなどして究明していきたい。

　3点目は，課題の2点目にも触れた，3歳児クラス積み木場面の後半の過程についてである。3歳児積み木場面の初期においては，積み木を積み上げるなどの行為から始まる。その後，出来上がる構造物にイメージが付与され，積み上げの目的が生まれて更に積み上げられるなどの行為が行なわれていく。

つまり，このような場面においては，完成はいつともわからないのである。始めは生産性のない行為であり無目的であったりもするが，そんな行為であっても，最後には何かしらの物が生産されているということもあり（第4章），幼児の遊びの全てが非生産的・無目的であるとは言えない。ただしそれらの過程も，やがて生産的な積み上げがなされるなどして変化するものと推察される。その後の過程の変化は未だ明らかではない。「大人」と違う「幼児」ならではの積み木場面がどのような過程を経て，一般的に大人が想定する生産的な積み木場面へと変化していくのかを明らかにしたい。

　4点目は，複数のイメージが発生しているものの内，保育者によって一人のイメージのみを優先させて展開された場面についてである。これは途中参加者へ向けて積み上げのイメージを伝えることも同様であるが，保育者が積み手のイメージを他児に伝える行為は，積み上げの継続につながるものの，最初からイメージが伝えられることによって，自身のイメージを発することができずにいる幼児が存在している可能性を忘れてはならない。そのように複数のイメージが発生した時，保育者はどのように関わっていくことができるのかを検討することは，特にクラスサイズが大きいといわれる日本の保育においては重要であり，今後の課題である。またこの課題は，期の影響を受けるものであると考えられる。例えば第6章のFigure 17においても示したように，保育者のねらいは特定の能力の発達にあるだけではなく，活動における様々な過程を経験することにある。積み木に関わる全ての者のイメージが発現されることをねらいたい時期と，それぞれの積み手が持つイメージを発現し合い，葛藤の後に役割を取得して協働していくことをねらいたい時期等ねらいは様々にあり，よって保育者の関わり方も絶えず変化していくものと思われる。そしてその保育者の行為の変容は，保育者の個人差とも関係する。今後，保育者の経験年数や性別などの要因にも着目した分析において，時期的に異なる場面における保育者の関わりの変化を明らかにすることは課題である。

124　第Ⅲ部　総合考察

　5点目は，保育者による幼児への直接的な関わりだけではない保育者の援助についての検討である。積み木の大きさも含めた保育者による場の設定と，積み手の行為との関係を究明したい。

　6点目は，本論文の分析方法の限界に関する課題である。本論文では，論文の目的である，園における3歳児積み木場面を明らかにするということに対し，観察したその場面について，要因を可能な限り捨象することなくデータ化し，分析を試みた。またそこに積み木が設置されるに至った背景を探り，それが今日までにおいてどのような意図のもとに教材化し，扱われ，評価されたかを概観することは，園という設定された場における体験の可能性の推論となる。第Ⅰ部での検討は，今日の園が引き継いでいるそうした文化を，幼児がどのように体験し，取り入れて表出しているのかを明らかにするためである。続く第Ⅱ部では，3歳児積み木場面に対し，先行研究から予想された変化に加え，他の生活時間も共にした長期にわたる参与観察において蓄積された研究協力者に関する個々に対する情報のうち，個々の相互行為や遊び場面における振る舞いのルーティンとの比較においてみられた変化に着目して分析を行なった。よって研究協力者の緊張の少ない，自然体に近い状態のデータ化とそれに関する考察を示すことができた。このように一定の意義は見出せた研究ではあったもののこの方法に関しては，2点の限界点もある。一つは，園に設置されている物的環境は積み木だけではない事である。多様な環境の中における積み木として，それが幼児一人ひとりのなかにどのように対象化され，受容されて外界との相互行為を促進させているのか，また幼児が獲得した能力はどのような関係性の中で発揮されていくのかについてをも明らかにしなければならないが，今回の研究ではそれが検討可能な方法が採られていない。そして二つ目は，可視化されたもの以外は全て分析から除外していることである。例えば積み木がそばにあるにも関わらず，一切積み木には触れられなかったことが多々ある。これは幼児にとって何を意味するのか，この時の幼児は環境の何を取り込み表現しているのかについては明ら

かにはしていない。しかし，一年間の３歳児の変容過程の中に，この時期が多く点在していたのは事実である。そして同様に，事例として観察者が対象として書き出して取り上げ，解釈を付した幼児の他者との関係やクラス集団との関係性については，長期的観察の中で観察者の経験的知識を上げることで解釈の妥当性を高めることを試みたものの，この方法では観察者すなわち研究者の一つの解釈から脱することはあり得ない。このような状態を含めつつ，更なる分析を試みていくためには，今回のような研究者の経験を基にした参与観察からの事例作成と分析だけでは限界がある。

　本研究はBlumer（1991）の論や津守（1987）らに依拠しての方法（第３章）により分析を行なったが，特にBlumer（1991）のシンボリック相互作用論に関しては主観的であることやミクロな過程分析への偏り（構造化の視点の欠如）であることの問題は指摘されている（桑原・木原2010，後藤2015）。無藤（2003）も日本の保育実践と研究には①総合性②体系性③組織性④それに立っての実用性と政策性が欠けている事を指摘している。しかしこのうち，Blumerが問題として指摘している主観的であることは，無藤のいう実用性を備えた知見であるためには必要であり，排除できない。それは保育学が，人と人との間の相互行為に関する学問であり，それは主観と主観が作り出している世界に関する学問であると換言できるからである。課題は構造化であり，総合性，体系性，組織性である。具体的には，幼稚園積み木場面では何の獲得が期待でき，またそこでの体験のその後の課程との連続性について示唆するといった，刺激と効果の関係が明らかにされて評価されなければならない。本論文では，積み木の状況的変化に関する刺激と効果についてはいくつかの知見を示唆することが出来たが，積み木そのものにどのような刺激があり，効果があるのかについては触れられなかった。積み木のような多くの人工物は，有機的な自然環境とは異なり，状況的変化こそあれ時間的状態的変化は生じ得ないのが一般的である。そうした他の素材と比して異なる様な要因については検討できていない。実際に得た事例にも，積み木を何かに見

126 第Ⅲ部 総合考察

立てたり，積み木を道具的に利用してのごっこ遊びに展開したりといったことが記録されている。Garvey（1977）は，物は「社会的接触を促進し，アイデアと感情の表出を助け続けます」[38]と述べている。加えてGarveyは，学年が上がるにつれてプランの複雑化と展開が，物の扱い以上に重要になることを指摘している。上記したようなイメージし，表現し，道具的に文脈の中で用いる過程の変容には，個人の認知や情動に関する能力の発達や個人の志向性等他の要因との関連も考えられる。このような過程を分析し，そこでの発達を明らかにすることは今後の課題であるが，そこには方法論的な工夫を要するように思われる。この様な課題の多くは，心理学が応えてきた。今後は更に心理学や社会学がそれぞれ得意としてきた方法論に学び，それを津守が述べるように幼児の側に視点をおく保育学研究に応用するなどして，これからの保育を検討するための新たな方法論を検討していくことは今後の課題である。

注

1) 場や時間を共にしている（この状態を「共同」と定義する）というのではなく，また，積み上げる目的が共有されており，その目的達成に対し行動が分業されている（この状態を「協同」と定義する）のではなく，「協働」は，互いの思いを保持しながらも他者に働きかけて一つの事に当たる様子に対して用いている。

2) 世界で最初の幼稚園（Kindergarten）は，1840年にフレーベルによって設立された。フレーベルがこの施設における保育目標のために制作し設定した教材はGabe（以下「恩物」）であった。フレーベルにとってこの恩物は，幼児の内なる神性を正しく発育させるためのものであった。それは外的世界に向かう過程において，そして内的世界の覚醒を促す，保育に必要な媒介物であった（宮田，2003）[39]。

3)「積み木」は，教育玩具の歴史を究明した是澤博昭によって「明治期に幼稚園の『恩物』として日本に紹介された，外来の玩具」[40]であることが示されている。

4) フレーベルの幼児教育思想の導入においては，明治26年に『保育学初歩』を出版したA・L・ハウや，伊沢修二や高嶺秀夫らが関係していると言われている。両者共にフレーベルの保育と媒介物として制作された恩物に対しては評価しているものの，実践にあたり恩物をどのように用いるか，その方法は異なっていた。A・L・ハウは，フレーベルが恩物に込めた保育を，恩物を扱うことによって幼児に伝えようとした。しかし伊沢や，その主張を引き継いでいると言われる東は，フレーベルが現わした幼児の自然な活動を大切にするという原理に基づくことを重視し，恩物はそのための一つの物的環境に過ぎないと捉え，恩物の順序性などは排除する方法を採る（金子，1982）[41] [42]。

5) 明治後期から大正にかけて出された中村五六・和田実共著の『幼児教育法』や，倉橋惣三著『幼稚園雑草』においても，恩物中心の保育内容については批判されている。倉橋惣三は，「すなわちフレーベが恩物を用いて幼児の自己活動を発揮せしめんとした，その着想の根本は大いに尊重すべきではありますが，その実行上恩物そのものの組み立てに関しては，今日の児童心理学の原則に反するということになっているのであります。」[43]と述べるなど，恩物の使用に順番を付けて規則的に扱う方法から，全ての恩物の使用方法を幼児に委ねる方法へと転換することを「解放」として述べてその必要性を説いている。

6) 国吉栄が幼稚園の開設に尽力した関信三を取り上げた「幼稚園誕生の時代―関信

三の葛藤―」[44] でも見られる。国吉はその著書「(十一)『幼稚園法二十遊嬉』―幼稚園の普及を願って」において，明治 12 年 3 月に出版されている『幼稚園法二十遊嬉』は，保育における恩物の普及を意図して書かれたというだけでなく，むしろ当時幼稚園普及のために急務とされた保育者の育成に寄与することを意図して書かれたのではないかと述べている。

7)「巻き込み度数」は，石賀の造語であり「素材が遊び手との往還の中で周りと関わっていきながら周りのものや状況を巻き込んでいく量そのものを数値化していくもの」を表わすと定義されている。

8) 牛山聡子・清水知子・高橋道子（1974）．2 人の幼児の相互作用成立過程，教育心理学研究 **22**（3），p44.

9) 増田公男・中尾忍（1986）．大型積木遊び事態に於ける幼児の社会的相互作用行動の分析 I，金城学院大学論集人間科学編 **11**，p91.

10) 丸山良平・伊藤香子（1999）．3 歳児が数か月にわたって展開した怪獣退治遊びの検討，上越教育大学研究紀要，**19**（1），p300.

11) 丸山良平・伊藤香子（1999）．3 歳児が数か月にわたって展開した怪獣退治遊びの検討，上越教育大学研究紀要，**19**（1），p299.

12) 田窪みゆり・堀越紀香（2012）．幼稚園児におけるひとり行動の変容と意味―3 歳児と 5 歳児との比較―，大分大学教育福祉科学部研究紀要，**34**（2），p234.

13) Garvey, C（1977）．*Play*. Harvard University Press. p15.（C. ガーヴェイ　高橋たまき（訳）（1980）「ごっこ」の構造―子どもの遊びの世界―　サイエンス社，pp.26-27.）

14) 津守真（1987）．子どもの世界をどうみるか　行為とその意味，NHK ブックス 526，p110.

15）Herbert Blumer（1986）．Symbolic Interactionism Perspective and Method. University of California Press.（H. Blumer　後藤将之（訳）（1991）．シンボリック相互作用論　パースペクティブと方法　勁草書房　p4.）

16）Herbert Blumer（1986）．Symbolic Interactionism Perspective and Method. University of California Press.（H. Blumer　後藤将之（訳）（1991）．シンボリック相互作用論　パースペクティブと方法　勁草書房　p4.）

17）Herbert Blumer（1986）．Symbolic Interactionism Perspective and Method. University of California Press.（H. Blumer　後藤将之（訳）（1991）．シンボリック相互作用論　パースペクティブと方法　勁草書房　p5.）

18）Herbert Blumer（1986）．Symbolic Interactionism Perspective and Method.

University of California Press.（H. Blumer　後藤将之（訳）（1991）．シンボリック
相互作用論　パースペクティブと方法　勁草書房　p140.）

19）Herbert Blumer（1986）. Symbolic Interactionism Perspective and Method.
University of California Press.（H. Blumer　後藤将之（訳）（1991）．シンボリック
相互作用論　パースペクティブと方法　勁草書房　p145.）

20）Herbert Blumer（1986）. Symbolic Interactionism Perspective and Method.
University of California Press.（H. Blumer　後藤将之（訳）（1991）．シンボリック
相互作用論　パースペクティブと方法　勁草書房　p145.）

21）Herbert Blumer（1986）. Symbolic Interactionism Perspective and Method.
University of California Press.（H. Blumer　後藤将之（訳）（1991）．シンボリック
相互作用論　パースペクティブと方法　勁草書房　p143.）

22）Herbert Blumer（1986）. Symbolic Interactionism Perspective and Method.
University of California Press.（H. Blumer　後藤将之（訳）（1991）．シンボリック
相互作用論　パースペクティブと方法　勁草書房　p144.）

23）山田敏（1994）．遊びと教育，明治図書　p12.

24）木村昌紀・磯友輝子・大坊郁夫（2012）．関係に対する展望が対人コミュニケー
ションに及ぼす影響―関係維持の予期と関係継続の意思の観点から―，実験心理学
研究，**51**（2），pp.69-78

25）Herbert Blumer（1986）. Symbolic Interactionism Perspective and Method.
University of California Press.（H. Blumer　後藤将之（訳）（1991）．シンボリック
相互作用論　パースペクティブと方法　勁草書房　p7.）

26）Herbert Blumer（1986）. Symbolic Interactionism Perspective and Method.
University of California Press.（H. Blumer　後藤将之（訳）（1991）．シンボリック
相互作用論　パースペクティブと方法　勁草書房　p51.）

27）Herbert Blumer（1986）. Symbolic Interactionism Perspective and Method.
University of California Press.（H. Blumer　後藤将之（訳）（1991）．シンボリック
相互作用論　パースペクティブと方法　勁草書房　p52.）

28）Herbert Blumer（1986）. Symbolic Interactionism Perspective and Method.
University of California Press.（H. Blumer　後藤将之（訳）（1991）．シンボリック
相互作用論　パースペクティブと方法　勁草書房　p192.）

29）Herbert Blumer（1986）. Symbolic Interactionism Perspective and Method.
University of California Press.（H. Blumer　後藤将之（訳）（1991）．シンボリック
相互作用論　パースペクティブと方法　勁草書房　p193.）

30）Herbert Blumer（1986）. Symbolic Interactionism Perspective and Method. University of California Press.（H. Blumer　後藤将之（訳）（1991）. シンボリック相互作用論　パースペクティブと方法　勁草書房　p194.）

31）Herbert Blumer（1986）. Symbolic Interactionism Perspective and Method. University of California Press.（H. Blumer　後藤将之（訳）（1991）. シンボリック相互作用論　パースペクティブと方法　勁草書房　p195.）

32）Herbert Blumer（1986）. Symbolic Interactionism Perspective and Method. University of California Press.（H. Blumer　後藤将之（訳）（1991）. シンボリック相互作用論　パースペクティブと方法　勁草書房　p196.）

33）矢野智司（2005）. 幼児教育の独自性はどこにあるのか（1）：遊ぶ子どもの力，幼児の教育 **104**（4），p12.

34）岩田純一（2004）. 子どもと出会う（7）：子どもの積木，幼児の教育 **103**（5），p15.

35）村石京（1989）. 保育環境としての玩具を考える（〈特集〉おもちゃ），幼児の教育 **88**（11），pp.19-20.

36）無藤隆（2003）. 保育学研究の現状と展望，教育学研究 **70**（3），p105.

37）坂元彦太郎（1968）. 幼児教育概説，フレーベル館，p18.

38）Garvey, C（1977）. *Play*. Harvard University Press.（C. ガーヴェイ　高橋たまき（訳）（1980）.「ごっこ」の構造—子どもの遊びの世界　サイエンス社，p94.）

39）宮田まり子（2003）. フレーベルにおける「遊び」の原理的考察，人間の福祉，立正大学社会福祉学部紀要 **13**，p49.

40）是澤博昭（2009）. 教育玩具の近代—教育対象としての子どもの誕生—，世織書房，p113.

41）金子真知子（1982）. 生活主義保育の源流（上），幼児の教育 **81**（9），48-58.

42）金子真知子（1982）. 生活主義保育の源流（下），幼児の教育 **81**（10），51-63.

43）倉橋惣三（1929）. 倉橋惣三選集第二巻，フレーベル館，p355.

44）国吉栄（2001）. 幼稚園誕生の時代　関信三の葛藤（十）『幼稚園創立法』関信三の幼稚園，幼児の教育，50-59.

引用文献

天野珠子（2000）．保育形態と幼稚園の生活，駒沢女子短期大学研究紀要 **33**，1-8.

浅川陽子（2007）．三歳児の協働，幼児の教育 **106**（4），16-23.

Beth M. Casey, Nicole Andrews, Holly Schindler, Joanne E. Kersh, Alexandra Samper & Juanita Copley（2008）. The Development of Spatial Skills Through Interventions Involving Block Building Activities, *Cognition and Instruction* **26**（3）, *269-309.*

Boyoung Park, Jrong-Lim Chae & Barbara Fouiks Boyd（2008）. Young Children's Block Play and Mathematical Learning, *Journal of Research in Childhood Education* **23**（2）, *157-162.*

Daniel N. Stern（1985）. *The Interpersonal World of the Infant: A View from Psychoanalysis and Developmental Psychology.* Basic Books.

藤崎春代・無藤隆（1985）．幼児の共同遊びの構造：積み木遊びの場合，教育心理学研究 **33**（1），33-42.

藤塚岳子（2015）．3歳児における仲間関係の形成—「仲間入り」・「受け入れ」の事例研究—，東海学園大学紀要 **20**，139-155.

Garvey, C（1977）. *Play.* Harvard University Press.（C. ガーヴェイ　高橋たまき（訳）（1980）．「ごっこ」の構造—子どもの遊びの世界　サイエンス社）

Geetha B. Ramani, Erica Zippert, Shane Schweitzer & Sophia Pan（2014）. Preschool children's joint block building during a guided play activity, *Journal of Applied Developmental Psychology* **35**, *326-336.*

Herbert Blumer（1986）. *Symbolic Interactionism Perspective and Method.* University of California Press.（H. Blumer　後藤将之（訳）（1991）．シンボリック相互作用論　パースペクティブと方法　勁草書房）

石賀直之（2009）．積み木遊びにみる幼児と素材との相互作用の構造に関する研究，鶴見大学紀要 **46**（3），41-47.

伊藤智里・高橋敏之（2011）．一幼児の積み木遊びに見られる多様な発達的特徴，美術教育美術学会誌 **32**，41-53.

岩田純一（2004）．子どもと出会う（7）：子どもの積木，幼児の教育 **103**（5），15-25.

132 引用文献

岩田遵子（2007）．現代社会における「子ども文化」成立の可能性―ノリを媒介とするコミュニケーションを通して―　風間書房

Judith E.Stroud（1995）. Block Play: Building a Foundation for Literacy, *Early Childhood Education Journal23*（1）, 9-13.

金子真知子（1982）．生活主義保育の源流（上），幼児の教育 **81**（9），48-58．

金子真知子（1982）．生活主義保育の源流（下），幼児の教育 **81**（10），51-63．

加藤幸一・對比地祥子・上林千秋・浅田眞由美・田邊佳子・渡邊俊（2007）．幼稚園における 3，4 歳児の遊びと遊具の影響，群馬大学教育実践研究 **24**，215-228．

Kaoru Otsuka & Tim Jay（2016）. Understanding and supporting block play: Video observation research on preschoolers' block play to identify features associated with the development of abstract thinking, *Early Child Development and Care, 1-14.*

木村昌紀・磯友輝子・大坊郁夫（2012）．関係に対する展望が対人コミュニケーションに及ぼす影響―関係予期と関係継続の意思の観点から―，実験心理学研究 **51**（2），pp.69-78．

是澤博昭（2009）．教育玩具の近代―教育対象としての子どもの誕生―　世織書房

小坂美鶴（2001）．3 歳児の仲間同士の会話特徴について：言語使用と発話機能の分析からの検討，聴能言語学研究 **18**（3），154-162．

小谷卓也・長瀬美子（2011）．磁石遊び活動に見られる 3 歳児の認知特性の分析―「観察」及び「コミュニケーション」における認知特性を中心として―，教育福祉研究 **37**，13-25．

厚生労働省（2008）．保育所保育指針　フレーベル館

香曽我部琢（2010）．遊びにおける幼児の“振り向き”の意味―3 歳児の砂遊びにおける“振り向き”から相互作用への展開事例の検討より―，保育学研究 **48**（2），63-73．

国吉栄（2001）．幼稚園誕生の時代 関信三の葛藤（十）『幼稚園創立法』関信三の幼稚園，幼児の教育，50-59．

倉橋惣三（1929）．倉橋惣三選集第二巻　フレーベル館

黒江静子・鈴木隆子（1961）．積木の構造に規定される構成活動の一考察，日本保育学研究発表特集，36-38．

桑原司・木原綾香（2010）．ハーバート・ブルーマーのシンボリック相互作用論の展開可能性，地域政策科学研究 **7**，237-249．

Lynn Cohen & Joanna Uhry（2007）. Young Children's Discourse Strategies During

Block Play: A Bakhtinian Approach, *Jounal of Research in Childhood Education* **21**（3），*302-315.*

丸山良平・伊藤香子（1999）．3歳児が数か月にわたって展開した怪獣退治遊びの検討，上越教育大学研究紀要 **19**（1），289-302.

増田公男・中尾忍（1986）．大型積み木遊び事態に於ける幼児の社会的相互作用行動の分析 I，金城学院大学論集人間科学編 **11**，91-100.

松井愛奈・無藤隆・門山睦（2001）．幼児の仲間との相互作用のきっかけ：幼稚園における自由遊び場面の検討，発達心理学研究 **12**（3），195-205.

松丸英里佳・吉川はる菜（2009）．3歳児の仲間関係の形成過程に関する研究，埼玉大学紀要教育学部 **58**（1），127-135.

松丸英里佳・吉川はる奈（2009）．4歳児の園生活での仲間関係の発達に関する研究，埼玉大学紀要教育学部 **58**（2），135-143.

松永あけみ・大久保沙織（2012）．幼児の他児認知に及ぼす保育者の言葉がけの影響（1），群馬大学教育学部紀要人文・社会学編 **61**，189-199.

ミネルヴァ書房編集部（編）（2016）．保育小六法 2016　ミネルヴァ書房

宮川洋子・加藤泰彦（1997）．「積み木遊び」の発達的研究—3歳未満児の保育を見直す—，エデュケア 21 **3**（2），74-78.

宮田まり子（2003）．フレーベルにおける「遊び」の原理的考察，人間の福祉，立正大学社会福祉学部紀要 **13**，49-69.

文部科学省（2008）．幼稚園教育要領解説　フレーベル館

文部省（1979）．幼稚園教育百年史　ひかりのくに

村石京（1989）．保育環境としての玩具を考える（〈特集〉おもちゃ），幼児の教育 **88**（11），16-20.

村松賢一（1999）．コミュニケーション能力を考える（1）：葛藤をへて分かち合う心，幼児の教育 **98**（4），36-43.

無藤隆（1996）．身体知としての保育，保育学研究 **34**（2），8-15.

無藤隆（2003）．保育学研究の現状と展望，教育学研究 **70**（3），103-110.

長濱成未・高井直美（2011）．物の取り合い場面における幼児の自己調整機能の発達，発達心理学研究 **22**（3），251-260.

中坪史典・松本信吾・林恩美・古賀琢也・前田佳恵・七木田敦・山元隆春・財満由美子・林よしえ・上松由美子・落合さゆり（2009）．協同遊びの萌芽を育む援助に関するリソースの構築—3歳児における保育者の個に応じた支援—，広島大学学部・附属学校共同研究機構研究紀要 **37**，163-168.

野尻裕子（2000）．幼児にとって相手と「繋がる」ということの意味—うまく「繋がる」ことのできない3歳児の一事例から—，保育学研究 **38**（1），20-27.

奥村和則（2008）．木製玩具と制作に関する一考察，岐阜市立女子短期大学研究紀要 **57**，93-98.

Roger Caillois（1967）．*Les Jeux et les Hommes*（*Le masque et le vertige*），edition revue et augmentee. Gallimard.（R. カイヨワ　多田道太郎，塚崎幹夫（訳）（1990）．遊びと人間　講談社学術文庫）

佐伯胖（2007）．人間発達の軸としての「共感」佐伯胖（編）共感　育ち合う保育のなかで　ミネルヴァ書房　pp.1-38.

境愛一郎・伊藤優・中坪史典（2014）．3歳児の共同遊びの展開プロセス—「おうちごっこ」の変容と維持に注目して—，幼年教育研究年報 **36**，33-41.

坂元彦太郎（1968）．幼児教育概説　フレーベル館

瀬野由衣（2010）．2～3歳児は仲間同士の遊びでいかに共有テーマを生みだすか—相互模倣とその変化に着目した縦断的研究—，保育学研究 **48**（2），51-62.

瀬尾和子（2015）．幼稚園年長児の農園での活動場面における大人の援助—保育者と保育者以外の大人の言語的働きかけに着目して—，秋田大学教育文学部研究紀要 教育科学部門 **70**，61-67.

砂上史子・無藤隆（2002）．幼児の遊びにおける場の共有と身体の動き，保育学研究 **40**（1），64-74.

鈴木裕子（2012）．模倣された子どもにもたらされる身体による模倣の機能と役割，保育学研究 **50**（2），51-63.

高橋千枝（2004）．新入園期の仲間関係における相互作用内容の変化に関する研究，東北大学大学院教育学研究科研究年報 **53**（1），267-275.

田窪みゆり・堀越紀香（2012）．幼稚園児におけるひとり行動の変容と意味—3歳児と5歳児との比較—，大分大学教育福祉科学部研究紀要 **34**（2），223-236.

玉置哲淳・水野晴奈（2010）．「実況」する関わりから見る保育者の指導のあり方の検討—ごっこ遊びにおける保育者の関わりについて—，エデュケア **31**，29-41.

塚崎京子・無藤隆（2004）．保育者と子どものスキンシップと両者の人間関係との関連—3歳児クラスの観察から—，保育学研究 **42**（1），42-50.

津守真（1987）．子どもの世界をどうみるか　行為とその意味，NHKブックス526.

牛山聡子・清水知子・高橋道子（1974）．2人の幼児の相互作用成立過程，教育心理学研究 **22**（3），40-44.

山田敏（1994）．遊びと教育　明治図書

山本多貴司・Seymour Wapner（1992）．人生移行の発達心理学　北大路書房

山本弥栄子（2011）．共同あそびにおける幼児間のイメージ共有と保育の課題―限定数と多数の積み木あそびとの比較検討―，創発　大阪健康福祉短期大学紀要 **10**, 65-76.

矢野智司（2005）．幼児教育の独自性はどこにあるのか（1）：遊ぶ子どもの力，幼児の教育 **104**（4），8-13.

吉村香・田中三保子・柴崎正行（2000）．保育における人間関係創出過程―「間」と「間合い」に着目して―，保育学研究 **38**（1），36-44.

謝　辞

　本書は，2017年3月に受理されました学位論文に若干の修正を行ったものです。

　本書の執筆にあたり，多くの方々からご支援いただきました。

　まず，今回の研究のために，いつも温かく迎え入れてくださる子どもたちや保護者の皆さま，研究を見守り，励ましてくださる園長先生や保育者の方々に感謝申し上げます。積み木の場面を観察し続ける必要から，子どもたちの誘いや質問に応えられなかったことが何度かありました。いざこざが起こりそうになっても傍にいて見て見ぬ振りをし続ける私は，子どもたちにとって奇妙でいて邪魔な存在となっているだろうと思っていました。しかし，子ども達は，「おーい！こっちだよー」と部屋を駆け出して手を振り，大きな声で私に次の活動を教えてくれたり，幼稚園の時間が終わって近くの公園で会えば「幼稚園の人！」と手を振ってくれたりしました。その笑顔と全身を使って伝えてくれる思いは，論文を中々書き進められなかった私に元気と勇気をくれました。園長先生にはいつも細やかなご配慮をいただきました。お忙しいにもかかわらず，先生からは，幼稚園のこと，子どものこと，保育者のこと等，ある時は職員室で，ある時は砂場の隅で，ある時はホールの中で，私の質問に応えてくださり，さらに質問以上の教えをいただく機会を頂戴しました。副園長先生や事務室の先生，担任保育者の皆様からは，朝の環境設定から参加したいとの願いに快く受け入れてくださり，保育者の真似事を試みようとする私を温かく見守ってくださいました。こうしたあたたかな受け入れがあり，また先生方の日々の努力による質の高い保育実践がなければ，本書の完成はあり得ませんでした。

138　謝　辞

　次に，本書における研究を進めるにあたり，ご指導をいただきました指導教授の秋田喜代美教授に感謝いたします。秋田先生は，いつまでも稚拙な私の論文に対し，最後まで本当に辛抱強くご指導くださいました。特に修士2年前期での最初の学会誌投稿の際，大変お忙しい状況であったにもかかわらず，私の論文に何度もコメントを付けてご指導くださいました。また，数多くの講演会や勉強会，公開保育などもご紹介くださり，そこでの出会いと学びはその後のキャリアにおいて大変大きなものになりました。そうした細やかな論文へのご指導と様々な機会を通しての学びと励ましにより，この研究を完成させることができました。また秋田先生には，この研究を出版することについて幾度もご教示いただき，背中を押していただきました。秋田先生なくして，本書は生まれませんでした。お導きとご配慮の数々に，深謝申し上げます。

　また本書でまとめた研究は，私が所属した学校教育高度化専攻の先生方からも多くのご指導と完成に向けての励ましをいただきました。そして博士論文としての査読委員として，教育学研究科の遠藤利彦教授，藤江康彦教授，浅井幸子准教授，野澤祥子准教授よりご指導いただきました。先生方からご示唆をいただく中で，本論文の構造と意義はより明確なものとなりました。5年間所属させていただいた秋田研究室の皆様からは，いつも惜しみない励ましとご助言をいただきました。特に，当時の秋田研究室は異なる専攻で構成されており，院生の研究対象，研究方法は多様でした。そうした方々との対話から，自明と捉えていた保育の世界における問題に気づき，問い直すことも多々ありました。非常に刺激的な貴重な時間になりました。

　最後に，最後の学生生活を心身共に支えていただいた家族に感謝申し上げます。私は，一度は修士課程を終え，縁あって大学の助教としての職を得ていましたが，退職して再び学生となる決意をしました。私の両親は，突然の退職と進路不明な状況だけを伝える中，先を信じ，受験から入学，そして修了までの7年をひたすら待ってくれました。その間，勝手な私の一つの思い

から，せっかくの資金援助も断り，ぎりぎりな状態で続ける学生生活を耐えて傍で見守ってくれました。今思えばそれはきっと直接的な支援よりも厳しい援助であったのではないかと思います。私はそうした生活の中で，簡単には得難い，大切なことを学ぶことができたように思います。心から感謝申し上げます。

2019（平成31）年3月

宮 田 ま り 子

【著者略歴】

宮田　まり子（みやた　まりこ）

2002年　玉川大学大学院文学研究科修士課程修了　修士（文学）
2013年　東京大学大学院教育学研究科修士課程修了　修士（教育学）
2017年　東京大学大学院教育学研究科博士課程修了　博士（教育学）

現　在　白梅学園大学子ども学部発達臨床学科講師

園における3歳児積み木場面の検討

2019年3月29日　初版第1刷発行

著　者　宮田まり子
発行者　風　間　敬　子
発行所　株式会社　風　間　書　房
〒101-0051　東京都千代田区神田神保町1-34
電話 03（3291）5729　FAX 03（3291）5757
振替 00110-5-1853

印刷　藤原印刷　製本　井上製本所

©2019　Mariko Miyata　　　　　　　　NDC分類：376.1
ISBN978-4-7599-2275-2　　Printed in Japan
JCOPY〈（社）出版者著作権管理機構 委託出版物〉
本書の無断複製は，著作権法上での例外を除き禁じられています。複製される場合はそのつど事前に（社）出版者著作権管理機構（電話 03-5244-5088，FAX 03-5244-5089，e-mail: info@jcopy.or.jp）の許諾を得て下さい。